W0417207

INA SCHMIDT

Das Ziel ist im Weg

INA SCHMIDT

Eine philosophische Suche nach dem Glück

Lübbe

MIX
Papier aus verantwortungsvollen Quellen
FSC® C014496
FSC
www.fsc.org

Dieser Titel ist auch als E-Book erschienen

Originalausgabe

Copyright © 2017 by Bastei Lübbe AG, Köln

Textredaktion: Angela Kuepper
Umschlaggestaltung: © ZERO Werbeagentur, München
Einband-/Umschlagmotiv: © ZERO Werbeagentur, München
Satz: hanseatenSatz-bremen, Bremen
Gesetzt aus der Berling LT Std
Druck und Einband: GGP Media GmbH, Pößneck

Printed in Germany
ISBN 978-3-7857-2583-2

5 4 3 2 1

Sie finden uns im Internet unter: www.luebbe.de
Bitte beachten Sie auch: www.lesejury.de

Ein verlagsneues Buch kostet in Deutschland und Österreich jeweils überall dasselbe.
Damit die kulturelle Vielfalt erhalten und für die Leser bezahlbar bleibt, gibt es die gesetzliche Buchpreisbindung. Ob im Internet, in der Großbuchhandlung, beim lokalen Buchhändler, im Dorf oder in der Großstadt – überall bekommen Sie Ihre verlagsneuen Bücher zum selben Preis.

Für
Gesa und Imke

Und was soll aus mir werden?
Ein Neugieriger. Das ist zwar noch kein
Beruf, aber es wird bald einer werden.

François Truffaut, »Jules und Jim«

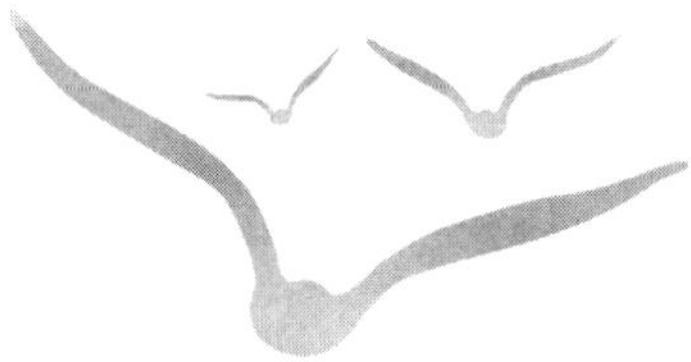

Inhalt

Eine Einführung

Ach, ich bin gelaufen, gelaufen
und hingefallen, wieder aufgestanden,
umgeworfen, wieder aufgesammelt,
bis ich da angekommen bin, wo
mein Ziel anfängt.
Franziska zu Reventlow

Wo stehe ich, und wo will ich eigentlich hin? Was ist es, das mein Leben ausmacht oder irgendwann einmal ausmachen soll?

Bei all den Antworten, die es auf diese scheinbar so einfachen Fragen gibt, lässt sich kaum ein gemeinsames Ziel finden, und doch, eins wollen wir eigentlich irgendwie alle – glücklich sein. Aber ebendieses Ziel scheint eher der Anfang von neuen Fragen zu sein als ihr Ende. Wo steckt das Glück, und warum suchen wir es so sehr, dass wir kaum noch wissen, wo uns der Kopf steht? Bei all der Hektik bieten sich derzeit jede Menge neue Angebote, um sich auf die Suche nach dem Glück zu machen. Ankommen scheint das Gebot der Stunde, dort, wo ich immer schon hinwollte, bei mir selbst. Die innere Mitte finden, wissen und bleiben, wer ich bin, und endlich einmal in Ruhe Zeit genießen, die mir ganz allein gehört – das scheint gegenwärtig die höchste Form eines geglückten Lebens zu versprechen. Wie dieses Ziel so ganz genau aussieht, weiß ich nicht, also arbeite ich entweder umso zielstrebiger die gesellschaftlich relevanten To-dos für ein vermeintlich glückliches Leben ab, oder ich tue einfach mal nichts, bin ganz bei mir, häkle Mützen, baue Bienenkästen für den Balkon mitten in der Stadt oder male ein wenig in meinem neuen Achtsamkeitsmalbuch gegen den Stress der modernen Zeit an. Ein Zustand, in dem ich mit mir und der Welt Frieden geschlossen habe – alles wunderbar. Aber irgendetwas stimmt da nicht. Denn komme ich wirklich irgendwo an, und woher weiß ich, dass ich da ganz bei mir bin und nicht bei jemand anderem?

Trotz aller Begeisterung für das Hier und Jetzt ist alles und jeder bis zur Unkenntlichkeit mobil und flexibel, verändert sich und macht irgendwie »sein Ding«, also müssen wir offenbar ein paar Kompromisse schließen, was das Ankommen im Gegenwärtigen angeht. Da helfen oft ein paar Weisheitszitate oder die eine oder andere Yogaübung: Ein herabschauender Hund in der Mittagspause und ein bisschen »Muße-to-go« zwischen zwei Meetings, alles kein Problem, und es geht nun mal nicht anders. Aber was tun wir da eigentlich? Sind die Ziele, die wir auf diese Weise verfolgen, eigentlich wirkliche Ziele – ist es das, was wir wollen? Nehmen wir uns die Zeit, den Unterschied herauszufinden, und wie suchen wir nach dem, was wir wollen? Aber Moment mal – genau das tun wir doch ständig. Die ewige Sucherei ist es doch, die uns vom Ankommen abhält, wir tun doch kaum etwas anderes, als auf der Suche nach dem zu sein, was das

Leben ausmacht: nach dem Sinn, der großen Liebe, den eigenen Möglichkeiten – oder aber auch nur nach dem günstigsten Smartphone-Tarif, dem besten Parkplatz oder der perfekten Dreizimmerwohnung. Und schließlich suchen wir, um am Ende etwas zu finden, um irgendwo ankommen zu können – oder etwa nicht? Und das Glück sollte ebendieses Ende unserer Suche sein, das, was uns ein gutes Leben ermöglicht – Ende gut, alles gut.

Aber ist das, was wir da vor uns hertragen, wirklich ein Ziel oder nicht eher so etwas wie eine Sehnsucht, ein Ideal, etwas, das wir anhimmeln, aber nicht wirklich anstreben können? Gerade in einer Welt, die Innovation und globalen Wandel zum Wesen moderner Gesellschaften erklärt, kann eine Kultur des »Ankommens« nicht gleichzeitig als ultimative Glücksformel hochgehalten werden – der Widerspruch liegt auf der Hand: Wir können nicht gleichzeitig aufs Gas treten und auf der Bremse stehen, die Kraft, die diese eigenartige Gleichzeitigkeit kostet, brauchen wir für das Abwägen eines gelingenden Nacheinanders, eines Gleichgewichts aus Wandel und Beständigkeit. Das, was wir brauchen, sind Menschen, die sich in dem, was sich verändert, bewegen können – wissen, wann sie sich anpassen müssen und wann es Zeit ist, neue Ziele in Angriff zu nehmen, die Nachdenken nicht mit Zeitverschwendung und das Maximum nicht mit dem Optimum verwechseln. Das ist zugegebenermaßen eine ziemlich anspruchsvolle Angelegenheit, die uns derzeit vielfach mit dem Gefühl der Überforderung und Verwirrung belohnt. Aber dieses Empfinden liegt nicht allein an einer schnelllebigen und komplexen Zeit, sondern vielfach eher daran, welche Erwartungen wir an das haben, was wir glauben, erreichen zu können – und auf welche

Weise. Jede Frage bedeutet eine Suche; Neugier und Verwunderung sind Antriebskräfte, die uns nicht nur ausbrennen, sondern vielmehr beflügeln können. Etwas zu suchen bedeutet eben kein kopfloses Herumirren in einer entgrenzten Welt voller Optionen, die den Einzelnen in die Überforderung der Freiheit wirft, sondern den ernsthaften Versuch, sich in genau dieser Welt zu orientieren. Damit unterscheidet es sich vom Jammern oder Beleidigtsein, von der Ablenkung oder Zerstreuung. Ein Suchender ist kein Spielball der Unberechenbarkeiten, sondern jemand, der versucht, dieser Unberechenbarkeit etwas entgegenzusetzen, indem er den Rahmen des »Möglichen« für sich absteckt.

Bei aller berechtigten Kritik am Zuviel des Möglichen in dieser Welt, am Zugroß und Zuschnell, bleibt diese Kritik oft einem Dualismus verbunden, der die »Last der Möglichkeiten« als reine Zumutung beschreibt und daraus den Schluss zieht, dass jedes Weniger für den modernen Menschen der westlichen Welt automatisch ein Mehr sein muss. Damit schaffen wir allerdings auch keinen Ausweg aus der eigenen Grübelfalle. Denn aus dieser Annahme folgen zum einen die erneute Überforderung auf der Suche nach dem Weniger und zum anderen das Problem, dass es nicht nur in materiellen, sondern auch in geistigen Belangen ein eindeutiges Zuwenig gibt, mit dem wir uns gerade nicht zufriedengeben dürfen. Da reicht ein kurzer Blick in die Kommentarkultur der sozialen Netzwerke.

Wie aber finden wir die Maßstäbe für das, was wir an Rüstzeug brauchen, um herauszufinden, worauf es ankommt? Die ständige Orientierung an äußeren Zwecken, der Wunsch, beständig Kompetenzen auszuprägen, um dies oder jenes zu erreichen, verstellt uns den Blick für die

Dinge, die um ihrer selbst willen eine Bereicherung, ein Baustein für ein geglücktes Leben sein können. Dinge, die nicht darauf angewiesen sind, dass wir sie beeinflussen. Dafür müssen wir aber weniger unser Handeln verändern, sondern vielmehr unseren Blick, unsere Art, hinzuschauen und zuzuhören, um zu lernen, das Wesentliche vom weniger Wesentlichen zu unterscheiden. Moderne Praktiken aus unterschiedlichsten Weisheitslehren, Achtsamkeit und Gelassenheit sind wichtige Methoden und Tugenden, um diesen Blick zu öffnen, aber nur dann, wenn wir sie nicht erneut anderen Interessen und Zweckmäßigkeiten unterordnen. Gerade, wenn es um diese inneren Weichenstellungen geht, reicht es nicht, unsere Buntstifte zu zücken, um sich in das Entspannungsausmalbuch zu flüchten, oder »Corporate Meditation« in Großkonzernen zum Gebot der Stunde zu erklären, um danach munter weiterzuhetzen – denn in der Hetze und Unaufmerksamkeit liegt das Gegenteil jeder gelingenden Suche. Es geht also darum, sich gegen das eine und für das andere entscheiden zu wollen.

Vor diesem Hintergrund will dieses Buch eine vielleicht ungewohnte Frage stellen und beantworten: nicht die, wie wir das vermeintlich leidige Suchen beenden können – um endlich ans Ziel oder auch mal wieder zur Ruhe zu kommen –, sondern die, wie wir lernen können, auf eine andere Weise zu suchen: nämlich in Ruhe, damit wir da ankommen können, wo wir auch wirklich hinwollen, auch wenn wir es vorher noch nicht wussten, um von dort aufs Neue aufzubrechen.

Im ersten Kapitel geht es vor diesem Hintergrund um die Suche als eine ganz eigene Art des Tuns – einer besonderen Form der Praxis, die auf das zurückgeht, was die antiken griechischen Philosophen als »tätiges Leben« beschrieben haben. Ich möchte zeigen, dass die »Suche« kein modernes Phänomen digitaler Netzwerkwelten in einem globalen Kontext darstellt, sondern ein zutiefst menschliches Bedürfnis ist, das uns zumindest philosophisch seit über zweitausend Jahren begleitet – wenn wir in der europäischen Suche bis zur griechischen Antike zurückgehen. Eine Suche, die nach einem »glückseligen« Leben strebt, gerade indem sie in Bewegung bleibt, sich nicht zufriedengibt und trotzdem in der Lage ist, Entscheidungen zu treffen und verantwortlich mit der eigenen Freiheit umzugehen: Das ist das Anliegen der aristotelischen Ethik, die vor über zweitausend Jahren geschrieben wurde.

Um diesen Anspruch auch in unserer heutigen Lebenswelt umsetzen zu können, brauchen wir die Möglichkeit, uns zu orientieren, Strukturen zu schaffen, um uns selbst in der Suche nicht verloren zu gehen: Wie wählen wir aus, was wir suchen wollen, wie treffen wir Entscheidungen, kommen also vom Suchen zum Aussuchen? Ein weiterer wichtiger Schwerpunkt, um den es im zweiten Kapitel gehen wird. Denn sofern wir uns als Suchende ernst nehmen, kann es sehr wohl gelingen, im Rahmen dieser Suche auch anzukommen – Etappenziele zu erreichen –, um von dort aus zu überprüfen, ob wir bleiben wollen oder nicht. Hier sollen Hintergründe aus der Komplexitäts- und Entscheidungstheorie helfen, unseren Wunsch nach eindeutigen Ergebnissen und exakt voraussagbaren Zielsetzungen als Illusion zu enttarnen – mit dem Ergebnis, dass sich auch damit der Begriff des Scheiterns beziehungsweise der Fehlentscheidung anders denken lässt.

Das dritte Kapitel widmet sich den momentan weit verbreiteten Gedanken zur Achtsamkeit, Gelassenheit und

Entschleunigung sowie der Frage, was die derzeitige Zeitgeistdebatte aus diesen alten Elementen meist östlicher Weisheitslehren macht. Statt sich auf moderne Tools und Praktiken zur Selbstverwirklichung zu stürzen, soll es darum gehen, wie sich den modernen Sorgen auch mit der eher europäisch geprägten philosophischen Tugend der Besonnenheit begegnen lässt – und was den Unterschied ausmacht.

All diese Gedanken münden in die Frage, was vor diesem Hintergrund mit der modernen Idee der »Selbstsuche« beziehungsweise »Selbstfindung« gemeint sein kann. Und so fragen wir uns im vierten Kapitel: Wie kann ich nach mir selbst auf die Suche gehen, wie gehe ich mir verloren, und woher weiß ich, wen ich da gefunden habe? Wenn wir die eigene Identität beziehungsweise das, was ich als »Ich« erfahre, weniger als »Ding« – also eine Art substanzielles Ziel – ansteuern und uns stattdessen auf die Suche nach dem machen, wie wir uns selbst erleben, dann werden wir zwar niemals ankommen, können dabei aber sehr wohl glücklich sein.

Um sich bei der eigenen Suche an ein paar Wegweisern und Geländern entlanghangeln zu können, knüpft sich am Ende aus all den unterschiedlichen Perspektiven ein roter Faden, um Sie im fünften Kapitel mit den wichtigsten Fragen auf Ihrer ganz persönlichen Suche zu begleiten – damit Sie auf Ihrem Weg am Ende nicht nur an-, sondern hoffentlich auch ein Stück weiterkommen, ob mit oder ohne Ausmalbücher, Megayoga oder philosophischen Tugenden – die gelungene Mischung liegt ganz bei Ihnen. Wer weiß, welche Ziele sich auf Ihrem Weg noch ergeben werden!

Ina Schmidt
Reinbek 2016

1. Eine Alltagsphilosophie der Suche: Was können wir überhaupt finden?

Auf welche Weise willst
du denn dasjenige suchen,
Sokrates, wovon du überhaupt
gar nicht weißt, was es ist?
Platon

Ein frühlingshafter Sonntagnachmittag in der Küche einer Dreizimmerwohnung, Altbau, mitten in Hamburg. Draußen kämpfen sich einige mutige Sonnenstrahlen durch die Wolkendecke und lassen erahnen, dass die Welt irgendwann auch wieder heller wird. Der Nieselregen liegt noch in der Luft, aber es riecht nach Frühling. Ein Moment für die größeren Fragen – die, für die in der Woche, auf dem Weg ins Büro oder mitten im Supermarkt zu wenig Zeit ist, Fragen, mit denen man nicht so gern allein ist, die aber auch nicht zu jedem passen, der gerade zu Besuch in der eigenen Küche ist. Meine Freundin, die mit ihrer Katze in dieser Altbauwohnung lebt, sitzt am Küchentisch und blinzelt in die Sonne: »Wieso ist es eigentlich so schwer, zufrieden zu sein – das gut zu finden, was man im Leben auf die Beine gestellt hat? Vielleicht sogar erreicht hat. Es muss ja nicht das ganz große Glück sein, aber zufrieden sollte doch eigentlich gehen, oder?« Will sie darauf wirklich eine Antwort? Ich warte einen Moment ab, nein, ihre Gedanken wandern weiter.

»Manche Menschen leiden wirkliche Not, verlassen ihre Heimat und müssen sich ein neues Leben aufbauen, und ich sitze hier im Warmen, bin gesund und munter und kämpfe ständig mit dem Wunsch, das zu verbessern, was schon da ist. Warum nur?« Meine Freundin macht eine Pause, eine Falte bildet sich auf ihrer Stirn. »Und dann ärgere ich mich über mich selbst, lese jede Menge gute Ratschläge, bastle dämliche Wimpelketten und weiß eigentlich gar nicht, was das soll«, murmelt sie weiter, während sie vom Tisch aufsteht, ihre geliebte Teekanne mit heißem Wasser füllt und sich wieder auf dem alten Küchenstuhl zurücklehnt. Erneut wandert ihr Blick zum Fenster, als wäre es dann einfacher, den Gedanken zu folgen, die ihren eigenen Kopf zu haben scheinen: »Ständig diese Aufforderungen von allem und jedem, etwas wollen zu sollen, etwas Sinnvolles anzusteuern, irgendwie sein zu müssen – besser oder eben gerade nicht, weil wir bleiben sollen, wie wir sind. Sich treu bleiben und trotzdem endlich mal was wagen. In der U-Bahn, auf Postkarten, im Coffeeshop. Sogar da sollen wir glücklich sein. Und wenn ich es richtig anstelle, bietet mir der Espresso in der kurzen Mittagspause eine Möglichkeit zur inneren Ruhe. Ausgerechnet Espresso. Irgendwie sehe ich vor lauter Zielen gar keinen Weg mehr.« Meine Freundin rührt ihren Tee um und sieht mich an, endlich: »Also, was soll das Ganze eigentlich? Warum will ich dauernd irgendwo ankommen, wenn ich noch nicht mal genau weiß, was ich suche?«

Ich bin mir immer noch nicht sicher, ob in all ihren Gedanken wirklich eine Frage steckt und worauf sie hinauswill. Möchte sie ernsthaft ihr Leben umkrempeln, tatsächlich etwas verändern, oder ist es nur das alljährliche Grübeln, wenn wieder so etwas wie Aufbruch in der Luft liegt? Ein bisschen Wohlstandsgejammer und melancholische Sozialromantik: alles neu, alles frisch – ab morgen. Also ernsthaft: Gibt es neue Ziele oder gerade keine? Ihre liebgewonnenen Gewohnheiten sind offenbar nicht von den Gedankenspielen betroffen, die alte Teekanne, der Blick aus dem Fenster, der Platz am Küchentisch. Aber sind das wirklich die Dinge, auf die es im Leben ankommt, das, was man gefunden haben will? Auch, aber doch nicht nur.

Irgendwie sollte das »Wesentliche«, das, wonach wir alle suchen, doch ein paar Nummern größer sein – ab wann dürfen wir uns mit uns und unserem Leben zufriedengeben, und was ist es, was ein gutes Leben ausmacht? Soll es im Job wirklich immer so weitergehen, ist das eigene Lebensmodell tatsächlich das richtige – und wie machen das eigentlich die anderen? Es ist ja nicht so, dass meine Freundin die Einzige wäre, die sich so ihre Fragen stellt. Manch anderer findet sogar Antworten: Ein gemeinsamer Freund hat sich gerade nach langjährigem Geläster über die spießigen »Inbetweens« irgendwo zwischen Reeperbahn und Resthof ein Endreihenhaus am Stadtrand eingerichtet und scheint ziemlich begeistert vom Rasenmähen und den Fußballspielen seines Jüngsten am Wochenende – und trotzdem kann man ja abends immer noch mal ins Theater gehen, vielleicht – oder auch nicht. Wenn man sich an einer Stelle seines Lebens festgelegt hat, sind andere Fragen offenbar nicht mehr so wichtig. Oder kommen dann einfach neue?

Also – was genau soll der ewige Monolog über die innere Zerrissenheit zwischen der Notwendigkeit, irgendwo anzukommen, und dem gleichzeitigen Wunsch nach Veränderung, dem ewigen Geschrei nach Unabhängigkeit, wenn es doch eigentlich nur die Angst vor Entscheidungen ist? Das klingt nach einem Plan, in dem das Unglück vorprogrammiert ist.

Was also sucht meine Freundin, während sie gedankenverloren ihre dampfende Teetasse in der Hand hält, und was hat unser Freund am Stadtrand vielleicht schon gefunden? Ich nehme mir ebenfalls einen Becher, setze mich zu ihr an den Tisch, und es wird ein langer und sehr besonderer Nachmittag auf der Suche nach dem, was wir eigentlich suchen können und was nicht. Was sich verändern muss und was sich auf keinen Fall ändern sollte. Ein paar Antworten haben wir gefunden – auf der Suche sind wir immer noch. Zum Glück!

Immer auf der Suche – aber wonach eigentlich?

Die erste Frage, um die es geht, ist recht einfach: Was und warum suchen wir überhaupt etwas und leben nicht so gut es eben geht mit dem, was bereits da ist? Wir könnten auch daraus das Beste machen und es für das Gute halten. Wieso gelingt uns die Idee eines glücklichen Lebens so selten in dem, was »ist«? Aber das, was wir vorfinden, scheint uns irgendwie nicht zu reichen. Denn das, was wir da um uns herum zu erkennen glauben, ergibt einfach zu wenig Sinn: Angefangen bei der menschlichen Erkenntnis, dass das Leben von Anfang an dazu bestimmt ist, zu Ende zu gehen, wozu also das Ganze? Wie ringen wir der eigenen Vergänglichkeit ein wenig Ordnung, Sinnhaftigkeit oder eben auch »Glück« ab? Wir machen uns auf die Suche, ob hinter dem, was wir sehen, nicht noch mehr versteckt ist.

Nicht nur die Philosophie, die ja auch mancher Denker als Rüstzeug nutzen wollte, um das »Sterben zu lernen«, auch die Religion macht diesen menschlichen Wesenszug zu einem zentralen Thema. In der biblischen Geschichte, in der dem Menschen selbst das Paradies nicht reichte und er beziehungsweise sie durch den Griff zum Apfel der Erkenntnis sogar den göttlichen Rauswurf aus einem Leben ohne Sorgen und Gefahren auf sich nahm, wird mehr als deutlich, dass der Mensch ein strebendes Wesen ist. Der Wunsch nach Erkenntnis, nach Wissen, nach mehr oder besser treibt uns offenbar an, ohne dass wir viel dafür oder dagegen tun könnten. Aber muss darin ein Problem liegen? Verzweifeln wir zwangsläufig an der Sinnlosigkeit der Welt, egal in welchen paradiesischen Zuständen wir scheinbar leben? Lange vor der christlichen Verknüpfung von Erkenntnisstreben und Sündenfall finden sich durchaus andere Möglichkeiten, um den menschlichen Wunsch nach Wissen und Verstehenwollen zu beschreiben.

Die griechische Philosophie hat Momente, in denen existenzielle Fragen in uns aufsteigen, in denen wir weiterfragen und über die Wirklichkeit stolpern, als Momente des »Staunens« *(thaumazein)* bezeichnet und sie nicht als zwingende Abweichung vom rechten Weg oder als störende Verwirrung, sondern als Anlass entzückter Entdeckungsfreude beschrieben. Aristoteles ist sicher, dass die Menschen »dank ihres Staunens [...] heute wie vormals zu philosophieren beginnen«[1]. Diesen Beginn schreibt er der einfachen Frage zu: »Was ist das?« *(ti estin)* – dem schlichten Beginn des menschlichen Bedürfnisses nach Wissen und dem Glauben, dass es mehr zu entdecken gibt als das, was wir sehen. Das muss uns zwar bei Weitem nicht immer begeistern, aber es kann auch eine Form der Neugier sein, ein Glaube daran, dass das andere sogar das Bessere sein könnte, das unsere Fragen antreibt. Vor diesem Hintergrund erscheint unsere Suche, unser Wunsch nach Wissen und Verstehen – und damit der Beginn der Philosophie –, in einem positiven Licht. Es ist das Streben nach einer Weisheit, die uns das Leben ein bisschen besser verstehen lässt – ganz im Sinne Platons, dem Lehrer des Aristoteles, der »die Einstellung eines Mannes, der die Weisheit wahrhaft liebt«, als den einzig möglichen Anfang der Philosophie beschrieb.[2]

Im Augenblick des Staunens machen wir also (im Idealfall) einen neuen, einen eigenen Anfang und blicken ganz unverstellt auf die Dinge, die uns begegnen – uns gelingt eine Perspektive, wie sie vielleicht nur der kindlichen Art und Weise vergleichbar ist, die die Dinge zum ersten Mal erblickt und in einen Kontext zu bringen versucht. Wir drehen und wenden sie, versuchen sie ins Licht zu halten und etwas zu erkennen, das uns bekannt vorkommt – nur so lassen sich Verbindungen herstellen, und wir können dieses Neue in etwas einordnen, das wir kennen. Und das mag in der Tat erstaunlich sein, hin und wieder auch befremdlich, bedrohlich oder erschreckend, aber eben auch reizvoll und vielversprechend: Versuchen Sie sich daran zu erinnern, wie Sie das erste Mal die Welt aus einem Flugzeug von oben gesehen haben. Oder das erste Mal am Meer waren, oder vielleicht gelingt es Ihnen, das Gefühl zurückzuholen, als Sie zum ersten Mal ein zusammenhängendes Wort gelesen haben – aus den vielleicht schon länger bekannten einzelnen Buchstaben entsteht ein neuer Sinnzusammenhang, und es tut sich eine neue Welt auf und bereichert das, was Sie kennen, um eine neue Perspektive beziehungsweise Lesart. Durch diese Neuigkeiten verändert sich das, was wir kennen, die Welt des Alten: Wir finden neue Verbindungen und Zugänge zu den Dingen, sehen vielleicht kleinere Probleme in einem größeren Zusammenhang oder haben schlicht den Mut, eine neue Aufgabe anzunehmen, und stellen zu unserer Überraschung fest, dass es leichter ist, als wir dachten. Vielleicht aber auch nicht. Das, was wir zu wissen glaubten, steht infrage und muss einer Überprüfung standhalten. Das verlangt uns einiges ab, und aus der Neurowissenschaft wissen wir, dass unser Gehirn bei aller Großartigkeit ein recht bequemes Organ ist, das sich nur ungern mit allzu viel Veränderung und Neuartigkeit auseinandersetzt, wenn wir uns denn erst einmal in unserer Komfortzone eingerichtet haben. Aber anders als andere Lebewesen haben wir die erstaunliche Fähigkeit, genau das von uns zu wissen und dieser Bequemlichkeit zu begegnen. Erstaunt sein zu können und neugierig zu bleiben ist kein Hexenwerk, sondern eine Möglichkeit, sich zu der Welt zu verhalten – wir fügen uns nicht in scheinbar Selbstverständliches, sondern lassen uns von dem überraschen, was wir dachten zu kennen.

Das Staunen beschreibt also eine Art Überraschung darüber, die Dinge so vorzufinden, wie sie sind, vielleicht gegen die eigene Erwartung, aber anders als Platon oder Aristoteles haben wir heute eher den Wunsch, »Überraschungen« und »Verwunderungen« aus dem Weg zu gehen – der Philosoph Peter Sloterdijk nennt diese Haltung, die insbesondere in zu Institutionen erstarrten wissenschaftlichen Apparaten anzutreffen ist, »Verblüffungsresistenz«[3], also das exakte Gegenteil einer Haltung, die das Staunen als Beginn des Wissens und der Erkenntnis wertschätzt. Wir schätzen eben das, was wir kennen, was wir wissen und worauf wir uns verlassen können – das ist auch grundsätzlich gar kein Problem, aber das, was wir kennen, ist meist eben nicht das, was wir gesucht hatten.

Doch bleiben wir noch für einen Moment in der Tradition der griechischen Denker und versuchen uns an dieser antiken Sicht auf die Dinge – denn auch hier geht es nicht um das Neue als Selbstzweck, sondern den Wunsch, es sich zu eigen zu machen, daraus etwas werden zu lassen, mit dem ich umgehen kann: Ich lerne dazu – und zwar im besten Sinne, nicht weil mich die Umstände dazu zwingen, sondern weil mich das, was mich überrascht oder erstaunt, gleichzeitig interessiert: mit Schokolade überzogene Heuschrecken zum Dessert in Mexiko, eine japanische Teezeremonie am anderen Ende der Welt oder die Tatsache, dass unsere Nachbarin fließend Sanskrit spricht oder sich in der Flüchtlingshilfe engagiert. Die Begegnung mit dem, was uns erstaunt, kann die unterschiedlichsten Auswirkungen haben, es kann uns zeigen, dass die Dinge – und Menschen – deutlich mehr Facetten haben, als wir dachten, es kann uns Angst machen und verwirren, oder aber es kann uns zeigen, dass das eigene Leben nur eine Möglichkeit ist, die wir gestalten können, die so sein kann, aber auch ganz anders.

Diese unterschiedlichen Perspektiven fordern uns jede auf ihre Weise und geben dem Ziel, »ankommen« zu wollen beziehungsweise »zielstrebig« sein zu müssen, eine andere Bedeutung. Einerseits wollen wir uns nicht vorwerfen lassen, wir wüssten nicht, was wir wollen, und stecken uns hochfliegende Ziele, die zwingend erreicht werden müssen, andererseits führt die Vorstellung unsere Agenda an, dass es das »Neue«, das »Nächste« sein muss, das unser Leben gelingen lässt: Das Glück als Idealziel liegt vielleicht nicht immer in der Ferne, aber doch da, wo wir noch nicht sind. An einem Ziel, das wir nicht kennen. Also machen wir uns schleunigst auf den Weg – aber wohin? Sobald wir das Glück, das gute oder bessere Leben nur dort vermuten, wo wir gerade nicht sind, aber glauben sein zu müssen, werden wir von Suchenden zu Getriebenen – wir achten nicht auf unsere Schritte, schauen kaum links und rechts des Weges, sondern eilen brav nach den Anweisungen eines gesellschaftlichen Navigationsgerätes auf dem effizientesten Weg von Ziel zu Ziel, das uns mit nichts als dem Schein eines möglichen Versprechens ködert.

Dieses Tun hat mit Suchen nichts mehr zu tun, sondern mit Effizienz und Schnelligkeit: Wenn wir in der kürzest möglichen Zeit das meiste rausholen, kann es nicht falsch sein, und irgendwo werden wir es schon finden, das verdammte Glück. Es geht nicht mehr darum, was wir da eigentlich tun, sondern wie schnell wir es erledigen können, damit Zeit für das Nächste bleibt. Kein Anhalten mehr möglich, keine Ruhe und kein Moment des Innehaltens – und selbst wenn uns das Glück in diesem Hamsterrad doch einmal über den Weg laufen sollte, würden wir es wahrscheinlich nicht erkennen. Zu schnell, zu flüchtig – aber darin liegen nicht zwingend Eigenheiten des Glücks, es hat ganz schlicht und einfach kein großes Interesse an Effizienz. Es scheint nicht mal ein Verhältnis zwischen beiden zu geben, eine Art Kriterium oder Maßstab, mit dem wir das eine mit dem anderen verbinden könnten.

Selbst das liebe Geld als möglicher Maßstab für die Bedingung eines glücklichen Lebens ist kein hinreichendes Kriterium. Zumindest nicht dann, wenn ein Grundmaß an finanzieller Sicherheit gewährleistet ist. Die US-Glücksforscher Ed Diener und sein Sohn Robert Biswas-Diener haben in einer Studie gezeigt, dass das Glücksniveau nicht mit dem eigenen Wohlstand steigt.[4] Auch Untersuchungen des griechischen Volkswirts Stavros Drakopoulos bestätigen diese Erkenntnis, der in seinen Forschungen den Zusammenhang von Werten und Wirtschaftstheorie herausarbeitet.[5]

Diese Forschungen zeigen, dass wir, um glücklich sein zu können, zwar keine finanzielle Not leiden oder ständig finanzielle Sorgen mit uns herumtragen dürfen, sich das Glück aber dennoch einfach nicht an die Prinzipien ökonomischer Maximierung halten will. Faktoren wie Freiheit, Freundschaft, Vertrauen et cetera beeinflussen unser Empfinden von Glück deutlich mehr als unser materieller Status. Keine revolutionäre Erkenntnis, aber eine, die uns ab und an bei zu treffenden Entscheidungen helfen könnte, wenn wir es wieder nicht schaffen, mit unseren Freunden ins Theater zu gehen, oder das Schulfest verpasst haben, wenn wir glauben, dass die nächste Beförderung endlich Ruhe bringt und wir dafür kaum noch wissen, wie es unseren Kindern geht. Wenn wir also immer noch davon ausgehen, dass reiche auch die glücklicheren Menschen sind, dann liegen wir offenbar falsch – und wir sollten unsere Ziele schleunigst überdenken.

Eine wichtige Einsicht heißt demnach: Das Paradigma

der gehetzten Unzufriedenheit auf der Suche nach Status und materiellem Glanz hat mit tatsächlicher Suche nichts zu tun, es verhindert sogar gerade das, was notwendig ist, um uns auf die eigentliche Suche zu machen. Denn das Erreichen dieser Ziele erlöst uns leider nicht von dem Streben nach mehr. Was uns zu Gehetzten macht, ist in diesem Kreislauf aber weniger die Flut an Möglichkeiten, die wir im Gegensatz zu unseren Vorfahren zu bewältigen haben, sondern das Missverständnis, dass wir glauben, das Streben bei der nächsten Ankunft beenden zu können, wenn wir uns selbst nur die richtigen Ziele gesetzt haben: Wunschlos glücklich zu sein ist ein Paradox, wenn wir das innere Streben als menschlichen Wesenszug ernst nehmen, denn es gehört zu einem glücklichen Leben dazu, Fragen, Sehnsüchte, Wünsche zu haben – Wünsche, die wir aber nicht zwingend erfüllen können und die nicht immer etwas damit zu tun haben, was wir alles leisten, schaffen und herstellen können. Moderne Freiheit und individualistische Sinnsuche hin oder her.

Das, was wir unserer modernen freiheitlichen Lebenswelt verdanken, ist genau diese Möglichkeit: nach dem Glück streben zu können – *the Pursuit of Happiness*, wie es in der amerikanischen Verfassung sogar festgeschrieben wurde. Das bedeutet aber weder die Garantie, es auch tatsächlich zu finden, noch das Gefühl eines automatischen Scheiterns, weil wir aus dem Streben nicht herausfinden – denn oftmals liegt das wesentliche Glücksgefühl darin, etwas tun zu können, es aber nicht zwingend zu müssen.

Sind es also viel weniger das Geld, der Reichtum oder der Status, sondern die Rolle der Freiheit, die wir für ein glückliches Leben stärker in den Blick nehmen müssen?

Es scheint nicht so zu sein, dass mehr Freiheit auch mehr Glück bedeutet, aber so ganz ohne das Gefühl, frei sein zu können, ist ein glückliches Leben für uns fast unvorstellbar. Wie also gelingt ein gutes Verhältnis von Glück und Freiheit? Über viele Jahrhunderte haben Menschen unter ebenden Umständen gelebt, in die sie hineingeboren waren, sie nannten es Schicksal, Religion oder Ordnung, gehörten bestimmten Familien und gesellschaftlichen Schichten an, die ihren Weg vorzeichneten, und in den meisten Fällen gab es wenig Spielraum dafür, sich ständig neu zu erfinden und die eigene Lebensführung auf den Prüfstand zu stellen. Ihr Streben galt anderen Dingen – einer anständigen, tugendhaften Lebensführung, religiöser oder sozialer Pflichterfüllung, der Meisterschaft in einer bestimmten Fähigkeit oder Ähnlichem. Das heißt nicht, dass zu diesen Zeiten die Menschen glücklicher gewesen wären, aber es bedeutet, dass das persönliche Glücksstreben viel weniger Teil ihrer inneren Suche war. Darum ging es schlicht nicht – oder zumindest nicht so sehr.

Diese Zielsetzung im eigenen Leben beginnt sich erst mit der sogenannten Moderne als individuelles Streben auszuprägen, also in der Epoche, die das Mittelalter ablöst und damit einen Weg aus einer stark religiösen Weltordnung in eine säkularisierte Welt eröffnet. Das neuzeitliche Denken entdeckt das, was wir heute als persönliche Freiheit selbstverständlich finden, und knüpft damit vielfach an die antiken Denker an, die trotz einer lebendigen Götterwelt die Entfaltung der eigenen Fähigkeiten im Sinne des Gemeinwohls für bedeutend hielten (auch wenn dahinter kein demokratischer Gedanke, sondern ein sehr elitäres Lebensmodell privilegierter »freier« Aristokraten stand). Aristoteles entfaltete in seiner »Nikomachischen Ethik« die Grundlagen für ein Leben, das nach »Glückseligkeit« strebt, gemeint aber war keine individuelle Glückssuche, sondern ein soziales Gefüge, in dem das tugendhafte Verhalten jedes Einzelnen zum Gelingen einer gemeinschaftlichen Glückseligkeit beitragen sollte.

Erst zu Beginn der Neuzeit ist ein wahrhaft neues Denken in der abendländischen Welt auf dem Vormarsch, das den Einzelnen auf die Suche schickt und unserem suchenden »Ich« eine zentrale Rolle bei der Erkenntnis und Gestaltung der Welt einräumt. Jedem von uns wird nun die Fähigkeit zugeschrieben, mithilfe des menschlichen Verstandes die Welt aus verschiedensten Blickwinkeln zu sehen und sie zu erklären: »Ich denke, also bin ich«, beziehungsweise in der exakten Übersetzung des lateinisches Satzes auch: »Ich zweifle, also bin ich« – diesen Satz kennen wir alle, und er hat mehr verändert, als wir auf den ersten Blick annehmen mögen. Der französische Denker René Descartes formulierte ihn 1641 in seinen »Meditationes de Prima Philosophia« bei dem Versuch, den Dingen auf einen letzten feststellbaren Grund zu gehen, um immer wieder herauszufinden, dass unsere Erkenntnisse von Bedingungen abhängig sind.[6] Bedingungen, die wir anzweifeln können, die jedoch zu dem, was wir erkannt haben, offenbar dazugehören. Welche Erkenntnis aber ist von den Bedingungen unabhängig, unter denen sie erkannt wurde? Nur eines schien für Descartes wahrhaft festzustehen: Bei aller Begabung, die Dinge um uns herum anzweifeln zu können, dürfen wir gewiss sein, dass es unser Ich ist, das all diese Gedanken denkt. Darin steckt allerdings die alles andere als selbstverständliche Annahme, dass wir so etwas sind wie ein denkendes »Ich« beziehungsweise dass wir eines haben. Hinter dem Satz »Cogito ergo sum« steht die ziemlich fundamentale Überzeugung, dass zwar fast alles auf dieser Welt vom Kontext der jeweiligen Situation, der Zeit, in der wir leben, von anderen Menschen und Kulturen abhängt, dass wir aber am Ende aller Bedingtheiten doch uns unserer selbst als eines denkenden Wesens sicher sein können und von dort aus imstande sind, die Welt zu erklären. Wir können also nicht nur suchen, sondern auch finden – beziehungsweise erkennen, so Descartes. Auf diese Weise begann der moderne Vormarsch des Individuums. Im achtzehnten Jahrhundert zum Beispiel war der deutsche Philosoph Johann Gottfried Herder überzeugt, dass »der tiefste Grund unseres Daseins« individuell sei, »sowohl in Empfindungen als in Gedanken«.[7] Darin lag zunächst ein großer Schritt zumindest für die Idealvorstellung von dem, was ein einzelner Mensch zu erreichen imstande sein könnte, aber es war gleichzeitig der Beginn eines Ringens um Anerkennung für das, was wir geleistet und erreicht beziehungsweise erkannt haben.

So war René Descartes einer der ersten Denker der Aufklärung, der im achtzehnten Jahrhundert die Rolle des »autonomen« Individuums stark machte und neben der »Klärung« der Dinge eben auch fest daran glaubte, dass wir die Welt, die wir vorfinden, verbessern können. Die Voraussetzung ist aber, dass wir mutig genug sind, uns unseres »Verstandes ohne fremde Hilfe« zu bedienen, wie es im achtzehnten Jahrhundert dann der Philosoph Immanuel Kant in dem zentralen Appell der Aufklärung »Sapere aude« formulierte. In dieser Zuschreibung des Menschen als eines vernunftbegabten Wesens, das nicht nur in der Lage, sondern auch verpflichtet dazu sei, sich auf den Weg zu machen und sein Leben als Aufgabe anzunehmen, finden wir vieles von dem wieder, was wir heute von uns selbst fordern. Die Aufklärer wollten »aufklären«, Dinge erklären, ein wenig Licht ins Dunkel der Welt bringen, und sich nicht zufriedengeben – der Dichter und Denker Gotthold Ephraim Lessing sah in diesem Streben nichts weniger als den Wert des Menschen: »Nicht die Wahrheit, in deren Besitz irgendein Mensch ist, oder zu sein vermeint, sondern die aufrichtige Mühe, die er angewandt hat, hinter die Wahrheit zu kommen, macht den Wert des Menschen.«[8]

In dieser geistigen Tradition bewegen wir uns bis heute, wenn auch auf anderen Wegen und Bahnen und leider nicht immer, um wirklich dem Streben nach Erkenntnis nachzugehen. Aber auch wir geben uns nicht zufrieden, fügen uns in kaum ein Schicksal und fangen an zu suchen, wenn etwas fehlt – und das auf sehr vielen und sehr unterschiedlichen Ebenen unseres Lebens. Immer jedoch schwingt die Überzeugung der Machbarkeit in unserem Streben mit, wir schaffen das schon, wenn wir uns denn nur anständig anstrengen – ob im Tun oder perfektionierten Loslassen.

Bei aller Kritik und den damit verbundenen Schwierigkeiten aber liegt darin erst einmal ein großer Fortschritt, eine Bereicherung für das, was uns im Leben zur Verfügung steht. Die Freiheit und der Glaube an die eigenen (geistigen) Fähigkeiten verschaffen uns Möglichkeiten, von denen viele unserer Vorfahren nicht zu träumen gewagt hätten; ob daraus auch immer die gewünschte Verbesserung hervorgeht, ist ein anderes Thema: Niemand hat gesagt, dass Freiheit und Zielstrebigkeit automatisch glücklich machen – auch wenn wir das so gern hätten. Aber wie kommen wir überhaupt zu dieser Vorstellung? Wir haben der modernen Idee eines »suchenden« und »findenden« Ichs viel zu verdanken, und niemand von uns wollte zurück in die beengten und religiös vorgegebenen Weltbilder des Mittelalters. Aber wir haben vor lauter Freude über die gewonnenen Freiheiten irgendwann übersehen, dass wir nun zwar alles suchen, aber deshalb trotzdem noch lange nicht alles finden können. Bei allen Selbstzweifeln erscheint uns heute der Gedanke fast selbstverständlich, dass der Wille über den Weg entscheidet, dass wir sein können, wer wir wollen, wenn wir allmorgendlich »Carpe diem!« in den Tag rufen, unser Fitnessarmband umbinden und uns in die Flut des Möglichen stürzen. Und wenn es dann doch nicht funktioniert, dann haben wir wohl irgendwas falsch gemacht, also müssen wir noch besser werden. Bei dem Wunsch nach Optimierung, Verbesserung und Erkenntnis knüpfen wir leider viel zu selten wahrhaftig an den Geist der Aufklärung an, sondern versuchen das Reich der unbegrenzten Möglichkeiten für uns in Anspruch zu nehmen – damit uns das Glück oder wie auch immer wir es nennen wollen, ja nicht entwischen kann. Und doch entwischt es.

Was aber folgt aus diesem angestrengten Streben? Immer häufiger sind Erschöpfung, Burn-out oder Herzinfarkt die Antworten auf die Suche nach dem guten Leben, weil wir allzu emsig einen Baustein nach dem anderen zusammenzutragen versuchen, damit sich daraus am Ende »das Richtige« ergibt. Und selbst die Einsicht, dass dieser Weg nicht der richtige sein kann, wir also etwas ändern müssen, wird ebenso kämpferisch in Angriff genommen wie vorher die Sprossen auf der Lebenskarriereleiter. Der frisch operierte Herzinfarktler setzt sich mit gewohntem Ehrgeiz an die Spitze der Therapiegruppe, freut sich über Spitzenleistungen im neuen Kontext und übersieht, dass es ebendiese Muster sind, die sein Problem verursacht haben und gerade kein Teil der Lösung sein sollten. Denn selbst wenn Sie wirklich etwas verändern wollen, davon träumen, in einem Holzhaus in Schweden auf der Veranda zu sitzen und den Mücken beim Tanzen zuzusehen, werden Sie auf dem Weg dahin noch jede Menge zu erledigen haben. Ob sich das Gefühl von Sinn und Erfüllung beim Packen von Umzugskartons, im Schwedischkurs an der Volkshochschule oder beim Aussuchen von Dielen für die Holzterrasse im Baumarkt tatsächlich einstellt, will wohlüberlegt sein – gerade nach einem Herzinfarkt. Leider ist die Wirklichkeit des Möglichen dann oft nicht so anders als die Wirklichkeit, die wir gerade verlassen wollten. Vielleicht geht es also weniger darum, sich ein Ziel nach dem anderen zu setzen, sondern vielmehr danach zu fragen, welches Verhältnis man zu den Dingen und Menschen pflegt, die da sind. Manchmal müssen wir Dingen auf den Grund gehen, das Woher klären, bevor wir überhaupt eine Idee davon haben können, wie ein Wohin aussehen könnte: Wenn ich Stress bei dem Erreichen der Quartalszahlen habe, Angst vor den Wutausbrüchen meines Chefs und Sorge, ob ich im Alter gut genug abgesichert bin, dann reicht es ganz sicher nicht, einfach einen Strich zu ziehen, nach Schweden zu verschwinden und sein Gemüse selbst anzubauen – die Angst vor der nächsten Ernte kommt bestimmt.

Aber was ist es dann, worin liegt die Alternative? Der Wunsch nach dem Gefühl des Ankommens ist und bleibt groß, und die Antwort auf die täglichen Sorgen kann sicher nicht sein, sich mit seinem Unglück zu arrangieren. Aber, und diese Einsicht ist so banal wie fundamental, bevor ich wirklich etwas an diesem Unglück verändern kann, muss ich sicher sein, worin es besteht. Und wenn mein Unglück darin besteht, mit der Unberechenbarkeit meiner Ziele nicht klarzukommen, habe ich ein ziemlich grundlegendes Problem – eines, das ich mit den gewohnten Methoden nicht lösen kann. Das wahrhaftig einzusehen kann einige Zeit in Anspruch nehmen, Zeit, in der wir auf der Suche sind, Zeiten der Unsicherheit und vielleicht auch der Orientierungslosigkeit. Aber wenn wir uns diese Zeit nehmen, werden wir feststellen, dass es selten die Tatsache ist, auf der Suche zu sein, die uns kreuzunglücklich macht, sondern etwas anderes.

Probieren wir diesen Gedanken einfach aus: Was ist verwerflich daran, auf der Suche zu sein, was kann passieren, woran hindert mich meine Suche? Wir bleiben in Bewegung, entdecken Neues, anderes, probieren verschiedene Perspektiven aus und werden möglicherweise verwirrt – wir sind nicht mehr sicher, unser altes Leben im Griff zu haben, aber ebendas wollten wir ja auch nicht mehr. Es gilt also mit einer neuen Form der Vielfalt umzugehen zu lernen. Aber nur weil die Vielfalt wächst, laufen wir nicht automatisch Gefahr, wie ein Spielball auf den Wellen hin und her geworfen zu werden. Wenn wir unsere Suche nicht aus existenzieller Not heraus antreten müssen, sondern weil wir es irgendwie anders haben wollen, dann kann sich der Umgang mit Wandel und Veränderung sehr wohl bewusst und überlegt vollziehen – allerdings brauchen wir dafür etwas Übung und die Bereitschaft hinzusehen. Denken wir an einen Landwirt, der mit dem Wechsel der Jahreszeiten immer wieder Entscheidungen treffen muss, die auf extrem unsicheren Annahmen beruhen. Er kann das Wetter nicht vorhersagen, keine Wetter-App der Welt kann lokal begrenzte Unwetter auf die Minute voraussagen, er kann nicht wissen, wie lang der Winter dauert oder die Sonne im Frühjahr auf seinen Raps, den Weizen und die Erdbeeren scheint, aber er kann sich im Laufe der Jahre Erfahrung, Wissen und Kompetenzen aneignen, um den Wandel besser zu beobachten und zu verstehen. Er lernt, Signale und Zeichen zu deuten, und weiß, wie sich lebendige Zusammenhänge zueinander verhalten können – wahrscheinlich. Kein Landwirt kann die Natur davon überzeugen, nach seiner Pfeife zu tanzen, aber er kann sich entscheiden, ob er seine Ernte einfährt, indem er die Natur einzuebnen und zu bezwingen versucht, oder ob er sich vornimmt, nach den Zusammenhängen von Wandel und Veränderung zu suchen, um die besten Bedingungen für eine gute Ernte zu schaffen. Dafür kann er die Methoden übernehmen, die üblich sind, aber er kann sie auf seiner Suche auch hinterfragen. So wie zum Beispiel der Farmer Bob Cannard im Norden San Franciscos, der im Fruchtwechsel auf 26 Hektar beinahe zweihundert Obst- und Gemüsesorten kultiviert, indem er sich nach den Mondzyklen richtet. Cannard verwendet keinen Dünger außer einem selbst gebrauten Gemisch aus zermahlenen Steinen und Quellwasser, das er selbst »Gesteinstee« nennt – das klingt seltsam, und vielleicht ist es nicht massentauglich, aber diese Methode hat ihn immerhin zu einem der wichtigsten Lieferanten des Bio-Feinschmeckerlokals Chez Panisse in der Nähe San Franciscos werden lassen, das mit seinen Küchenabfällen wiederum für den Kompost der Farm sorgt. Ein sich selbst versorgender Kreislauf als eigener Weg.

Das menschliche Streben nach Veränderung und Verbesserung, die Suche, ist nicht als Makel und Beweis für die menschliche Unvollkommenheit zu verstehen, sondern als kreative und schöpferische Fähigkeit, mit Unsicherheit und Wandel umzugehen – eine unerlässliche Kompetenz nicht nur in der Landwirtschaft, sondern in jedem lebendigen Zusammenhang. Gerade in einer globalen, mobilen und gut vernetzten Welt, die ebenfalls den Gesetzen sozialer und organischer Zusammenhänge gehorcht, brauchen wir mehr denn je kompetente Suchende. Und diese Überzeugung gilt auch dann, wenn wir erst einmal nichts zu verstehen glauben, uns manchmal mit hängenden Schultern auf die Einsicht des Denkers Georg Christoph Lichtenberg beschränken müssen: »Ich weiß nicht, ob es besser wird, wenn es anders wird. Aber es muss anders werden, wenn es besser werden soll.«[9]

Eine wahrhafte Suche ist also nicht gleichbedeutend mit dem Beklagen der eigenen Schwierigkeiten und dem »Irgendwie-damit-Klarkommen«, sondern sie bleibt von der tiefen Hoffnung getragen, wahrhaftig etwas verbessern zu können, selbst wenn wir das Ziel noch nicht kennen. In solch einer Suche steckt weniger der Wunsch nach Effizienz, sondern das Anliegen, seine Sache »gut« machen zu wollen – ein himmelweiter Unterschied. Versuchen wir also, den Prozess der Suche selbst anders zu betrachten, ihn nicht beständig beenden zu wollen, sondern im Gegenteil uns darin zu üben, das, was wir tun, »gut« zu machen. Fangen wir damit an, den Begriff der Suche zu untersuchen, um zu klären, was er eigentlich bedeutet und wie verschieden das sein kann, was wir damit meinen.

Schaut man im Wörterbuch nach, dann bedeutet eine Suche den Prozess der Lokalisierung eines gewünschten Objekts. Das klingt erst mal pragmatisch und recht machbar: Wenn ich meinen Schlüssel oder die Lesebrille verlegt habe oder eine Wohnung suche, dann möchte ich ein gewünschtes Objekt lokalisieren und mache mich auf die Suche. Es gibt Orte und Methoden, die erfolgversprechend sind und dabei helfen. Handtaschen, Schubladen oder große Schüsseln auf Flurkommoden bieten sich für den Schlüssel an, Wohnungssuchen funktionieren auf andere Weise, doch auch hier wissen wir, wie wir vorgehen müssen. Aber nun geht die Suche weiter, und wir nähern uns mit einem ähnlichen Anspruch den größeren Fragen des Lebens: Wo finden wir die besten Erziehungsmethoden oder neue Geschäftsideen, wie finden wir die große Liebe oder gar den Sinn des Lebens? Hier gibt es weder klar definierte Orte noch Methoden, die uns am Ende garantieren, etwas finden zu können, und anders als etwa bei der Lesebrille werden wir auch nur schwer den Beweis antreten können, dass wir tatsächlich genau das gefunden haben, was wir suchten.

Worin also liegt der Unterschied unserer Suche nach Lesebrillen zu der Suche nach dem Sinn des Lebens? In beiden Fällen versuchen wir einem Mangel nachzugehen, etwas zu finden, das uns fehlt – was ist darin tatsächlich ein »gewünschtes Objekt« und was nicht?

Im ersten Fall können wir klar das Objekt unserer Suche formulieren, wir wissen, wie unsere Lesebrille aussieht, wir erkennen sie als unsere wieder und sind sicher, dass sie sich im Laufe ihres Verschwundenseins nicht verändert hat. Wenn wir sie also irgendwo zwischen Sofa und Heizung erfolgreich hervorgeangelt haben sollten, werden wir uns freuen, sie ins Etui zurückstecken, und der Fall ist erledigt, die Suche beendet.

Im zweiten Fall ist es weniger eindeutig und deutlich schwieriger, zu einem Ergebnis zu kommen – weil das Objekt unserer Suche sich schlicht weigert, eines zu sein. Wir können zwar berechtigterweise die Tatsache feststellen, dass unser Leben sinnlos ist oder wir das so empfinden, das heißt aber noch lange nicht, dass wir wissen, was uns mit Sinn erfüllen würde (also wonach wir konkret suchen müssen) und wie wir das anstellen sollten beziehungsweise, um noch eine Schwierigkeit einzubauen, dass wir sichergehen können, den Sinn zu erkennen, selbst wenn er direkt vor uns auf dem Tisch läge. Wir suchen also etwas, von dem wir nicht wissen, was es ist, wo es sein könnte und ob wir es erkennen würden. Das klingt in der Tat nicht einfach. Übertragen wir also den Anspruch, den wir im Vertrauen auf unsere Fähigkeiten daran stellen können, unsere Lesebrille an irgendeinem uns zugänglichen Ort wiederzufinden, auf den vermeintlichen Anspruch, den Sinn unseres Lebens finden zu müssen, dann haben wir recht bald ein Problem.

Was also tun wir, wenn es sich bei dem Gegenstand unserer Suche nicht um ein konkret lokalisierbares Objekt handelt? Wenn es – wie bei der klassischen Sinnsuche – eher ein diffuses *anders* oder *besser* sein soll, das uns vermeintlich fehlt – und, wenn wir es ganz genau nehmen, handelt es sich bei diesem Prozess tatsächlich noch um eine Suche, oder nicht? Diese Frage wollen wir zunächst einmal bejahen, weil wir davon ausgehen, dass wir einen Prozess anstoßen können, der uns zumindest das Erkennen und Finden von »Sinn«, »Glück« oder der »großen Liebe« ermöglicht. Denn wir können eine Menge tun, wenn wir unser Leben sinnvoller gestalten wollen – und es mangelt ganz sicher nicht an Angeboten. Wir können ausprobieren, was auch immer die Palette der Angebote hergibt, darin stecken jede Menge spannender Erfahrungen und neue Impulse; die eigentliche Frage ist, ob diese Form des Ausprobierens bereits eine Suche ist oder hin und wieder nicht gerade ihr Gegenteil: Sind ein Italienischkurs oder das Überlebenstraining wirklich der Weg zu einem sinnvolleren Leben oder einfach nur eine willkommene Ablenkung vom Gefühl des Mangels? Das, was wir tun, wenn wir uns im Getümmel der Möglichkeiten auf die Suche nach dem guten Leben machen, ist vergleichbar mit der Idee, unsere Schlüssel könnten auch am Grunde des Meeres oder vielleicht im Wald vergraben von einem Fuchs gefunden und in den nächstbesten hohlen Baum geworfen worden sein. Alles möglich, aber wirklich naheliegend?

Sofern wir eindeutig zu lokalisierende Gegenstände suchen, konzentrieren wir uns auf das, was wir als Letztes getan haben, wo wir unterwegs gewesen sind, welche Jacke wir getragen haben. Wir wägen ab, analysieren und schließen Möglichkeiten aus. Suchen wir nach dem »Sinn«, dem »Glück« oder dem »guten Leben«, dann glauben wir zwar ebenfalls an die Möglichkeit, das Glück zwischen Sofa und Heizung hervorzerren zu können, aber wir machen ziemlich seltsame Dinge, die wenig damit zu tun haben, sich auf das zu fokussieren, was die stoischen Philosophen in der Antike den »Rahmen des Möglichen« genannt haben. Das bedeutet selbstverständlich nicht, dass wir nun den Italienischkurs streichen und uns im grauen Alltag für glücklich erklären sollen – ganz im Gegenteil –, aber wir sollten ebenso vermeiden, das Ausprobieren von Neuem mit der tatsächlichen Suche nach dem guten Leben zu verwechseln.

Das, was eine Suche zu einer Suche macht, ist die Fähigkeit, gute Gründe und Kriterien für das anführen zu können, was ich tue, um mich meinem Ziel – einem wie auch immer gearteten sinnvolleren Leben – zu nähern. Dazu gehört, wie wir gesehen haben, zunächst die Bereitschaft zu einer ernsthaften Auseinandersetzung mit dem, was ich als Mangel empfinde – der Bereitschaft, mich mit den Ursachen und den tatsächlich gegebenen Möglichkeiten zu beschäftigen und in ein »Selbstverhältnis« einzutreten, das sich selbst zum Thema macht, ohne sich selbst zum Ziel zu erklären. Ob dies der Beginn eines qualvollen Leidensweges oder die Möglichkeit einer interessanten Entdeckungsreise ist, liegt nicht nur, aber doch ein Stück weit an uns. Schon allein der Entschluss, sich für die zweite Perspektive zu entscheiden, verändert etwas: nicht nur sich selbst, sondern die Welt besser verstehen zu lernen und in diesem Anliegen einen Weg einzuschlagen, auf dem wir den nicht lokalisierbaren Objekten überhaupt begegnen können. Letztlich geht es um einen anderen Standpunkt, von dem aus ich das betrachte, was ich vorhabe – einen geistigen Perspektivwechsel, der darüber entscheidet, wie ich mir meine eigene Geschichte erzähle.

Und wenn es unter den Geisteswissenschaften eine gibt, die das Suchen zur Königsdisziplin erklärt hat, dann ist es sicher die oft so ergebnislose und verzweifelt grübelnde Philosophie. Allerdings muss das alles andere als problematisch sein – wenn es uns gelingt, einen anderen Blick für das zu entwickeln, was wir als »Ergebnis« anerkennen.

Eine Philosophie der Suche: Der Versuch zu verstehen

Wenn wir den Gedanken also einmal ernsthaft durchspielen, dass das, was wir suchen, weder ein Objekt noch lokalisierbar ist, dann hat es etwas Absurdes, unserer Suche ein klares Ziel zu verordnen. Das klingt zwar ungewohnt, ist aber in sich zwingend logisch. Wie kann ich nach etwas suchen, das ich im Vorwege nicht kennen kann? Und – wie kann ich mich dennoch auf die Suche machen in der Hoffnung, überhaupt etwas finden zu können? Versuchen wir dabei, das Wort Ziel beziehungsweise Ergebnis tatsächlich als etwas zu denken, das sich »ergibt«, dann ist diese neue Perspektive alles andere als ziellos, sie ist nur nicht von vornherein auf ein bestimmtes Ziel gerichtet, und genau das macht den entscheidenden Unterschied. Es gibt Ziele, die sich nicht ergeben können, weil der Rahmen der Möglichkeiten sie nicht zulässt – zum Beispiel, wenn Sie immer schon Pilot werden wollten, aber leider farbenblind sind, dann bringen Sie die Bedingungen nicht mit, die dieses Ziel erreichbar machen, ob Sie nun wollen oder nicht. Sie werden auch nicht selbst fliegen können, egal wie sehr Sie davon träumen. Es gibt Dinge, die gehen einfach nicht. Drehen Sie aber die Reihenfolge um und finden heraus, welche Bedingungen gegeben sind, welche Fähigkeiten und Vorlieben Sie haben und was Ihnen Freude macht, dann ergeben sich daraus mögliche Ziele, die viel damit zu tun haben, dass Sie zunächst versucht haben, den Kontext zu verstehen, in dem Sie sich auf die Suche machen. Das heißt nicht, dass Sie klein beigeben und Ihre Träume begraben und verkleinern, sondern es heißt, dass Sie in der Lage sind, das Beste aus dem entstehen zu lassen, was ist, und dieses Verständnis zur Grundlage eines gelingenden Lebens werden zu lassen. Ein weitaus tragfähigeres Konzept als der Wunsch, die eigene Wirklichkeit an der Größe der eigenen Ziele scheitern zu lassen.

Die Philosophin und politische Denkerin Hannah Arendt hat auf die Frage nach dem Grund ihrer philosophischen Arbeit geantwortet: »Ich will verstehen.«[10] Darin liegen sowohl Ursache als auch Zielsetzung ihres Denkens und Arbeitens, ohne dass deshalb ein Konflikt entstehen muss. Denn dieser Wunsch zu verstehen ist nicht an eine konkrete Situation gebunden oder auf einen Menschen gerichtet, der verstanden werden will, es geht nicht darum, eine Bilanz zu verstehen oder das Angebot unseres Konkurrenten, nicht unsere Schwiegermütter oder die Hausaufgaben unserer Kinder, sondern gemeint ist ein »existenzielles Verstehen«, das sich an uns und unseren Platz in der Welt richtet: Hannah Arendt versucht das Wesentliche zu ergründen, zum Beispiel zu fragen, was wir tun, wenn wir tätig sind, welche Tugenden eine Gemeinschaft zusammenhält oder was das Wesen des Bösen ausmacht. Dem Wunsch, verstehen zu wollen, sind keine Grenzen gesetzt, aber er braucht einen Rahmen, Rüstzeug, mit dem wir uns auf die Suche nach Antworten machen können. Denn nur weil wir alle denkende Menschen sind, interessiert sich nicht jeder von uns für diese Fragen oder will sein geistiges Rüstzeug erweitern. Ähnlich, wie wir in Badelatschen eine Bergwanderung machen können, es aber lieber mit Wanderschuhen versuchen sollten, oder wie wir von Butterbrot satt werden, aber dabei nie erleben werden, welche Geschmackserlebnisse die Küche sonst noch zu bieten hat, können wir uns auch im Denken mit wenig oder viel, einfachen oder komplexen Gedanken abgeben. Das hat nicht immer mit gut oder schlecht zu tun, so manch einfacher Gedanke ist einer komplizierten Theorie weit überlegen – aber es hat damit zu tun, welche Möglichkeiten sich auf die eine oder andere Weise im Denken eröffnen können. Die Philosophie ist in diesem Bild zumindest der Versuch, alles aus dem herauszuholen, was wir in unseren Schränken an köstlichen Zutaten oder gutem Schuhwerk so finden können – aber sie ist und bleibt ein Versuch.

Denn auch wenn wir vermeintlich alles richtig machen, gibt es keine Garantie für einen feierlichen Moment am Gipfelkreuz oder ein Dreisternemenü, wir können nicht sicher sein, ein Ziel zu erreichen, aber ohne es überhaupt zu versuchen, werden wir weder das eine noch das andere erleben können. Philosophie ist also kein Anspruch auf Wahrheit oder letzte Antworten, sondern sie bedeutet ihrem begrifflichen Ursprung nach zunächst nicht mehr und nicht weniger als die »Liebe zur Weisheit« – eine Liebe, die es wert ist, den Dingen nachzugehen, und die darüber staunt, was ihr auf dem Weg begegnet. Philosophisches Denken stellt Fragen, klärt die eigenen Begriffe und Denkmuster, die wir tagein, tagaus benutzen, um uns ein Bild zu machen. Dieses Bild kann sehr unterschiedlich ausfallen, es kann aus einigen großen oder aus sehr vielen kleinen Teilen bestehen, wir können verschiedene Standpunkte einnehmen und die Lichtverhältnisse ändern, aber das, was die Philosophie ausmacht, ist die Fähigkeit, gute Gründe zu nennen, warum wir die Dinge so oder so sehen oder eben auch nicht sehen können. Es geht nicht um ein einzig wahres Richtig oder Falsch, sondern darum, sich klar darüber zu werden, was wir warum tun – warum wir dieses suchen, jenes aber nicht, und mit so manch anderem erst mal gar kein Problem haben. Und wenn wir so weit sind, haben wir schon eine Menge verstanden, auch wenn wir dann nicht immer weiterwissen.

Ein Kollege von mir beschrieb das Wesen der Philosophie einmal mit der Kunst, sich »tastend aus einer offen eingestandenen Unsicherheit herausarbeiten« zu können. Meist ist es die wesentliche erste Frage, die am schwierigsten zu finden ist – was will ich eigentlich wissen, was genau besser verstehen? Aber aus dieser Unsicherheit gibt es nur einen Weg – es zu versuchen: nicht in der Zerstreuung und Ablenkung, sondern im eigenen Nachdenken einen Ausdruck für das zu finden, was bedeutsam ist. Es gilt also, im »Geiste der Ernsthaftigkeit«, wie der französische Philosoph Jean-Paul Sartre es nannte, auf die Suche zu gehen, die Idee der Suche nicht mit kultivierter Planlosigkeit und freiheitlich verteidigter Unverbindlichkeit zu maskieren, sondern den Mut aufzubringen, das eigene Tasten zu wagen. Ein solches Vorhaben ist immer ein Wagnis, sagt auch Hannah Arendts Lehrer und späterer Vertrauter, der Philosoph Karl Jaspers, aber eines, das sich lohnt: »Die Zweideutigkeit der Wahrheit hat keine Verwandtschaft mit der Unredlichkeit, die verbirgt oder die absichtlich eine gefühlte Zweideutigkeit festhält. Sie ist vielmehr die ungewollte, die in der Mitteilung des Wahren darum liegt, weil das Wesen des Aufnehmenden so ungleich ist. Die Zweideutigkeit zu wagen, nicht sie zu wollen, ist der Mut der Wahrheit.«[11]

Dieses Wagnis ist es, was die Philosophie ausmacht, und wenn wir es eingehen wollen, dann tun wir gut daran, uns für das zu rüsten, was uns auf dem Weg begegnen könnte. Den Ausgangspunkt für die Suche nach dem, was wir zunächst nur als Frage erfahren, bildet unsere sinnliche Wahrnehmung, aber ebenso unser Denken, unser Sprechen und, wenn wir wollen, unser Schreiben oder eine andere Form des Ausdrucks, die wir brauchen, um uns die sinnlichen Erfahrungen wirklich anzueignen. Mit diesen Mitteln nähern wir uns der Welt, und mit ihnen lernen wir sie zu interpretieren, Bedeutungen und Bewertungen zu entwickeln, die das prägen, was wir für gut und weniger gut halten. Sehen wir unsere Suche auf diese Weise, dann ist sie eher so etwas wie eine Reise, die nicht darauf angewiesen ist, am Ende das richtige Ziel anzusteuern, sondern die um ihrer selbst willen einen Wert hat: Dann ist eben nicht der Weg das Ziel, sondern das Ziel ist im Weg, es verstellt uns den Blick für die Ziele, auf die wir gar nicht kommen können, wenn der Blick ständig starr geradeaus gerichtet ist.

Allerdings – und hier erleben wir das, was der Philosoph Friedrich Nietzsche als eine »Philosophie des Als-ob« beschrieben hat – tun wir dennoch gut daran, einen Plan zu machen, zumindest ein mögliches Ziel anzusteuern, die richtigen Schuhe anzuziehen, unseren Kopf mitzunehmen und einigermaßen darüber informiert zu sein, was uns auf dem Weg erwarten könnte, ohne dass unsere eigenen Erwartungen an die Stelle der Realität treten. Aber was ist Realität? Sie ist mit dem Berliner Gegenwartsphilosophen Marcus Steinweg ein »Konsistenzversprechen, das gebrochen wird«[12]. Wir mögen dieses Versprechen einer erkennbaren Einheitlichkeit, die sich unserem Denken erschließt, und müssen doch damit leben, dass es nicht gehalten wird. Darin liegt das Wagnis des Paradoxen. Es geht darum, ein Abenteuer einzugehen, ein Abenteuer, das der Soziologe und Kulturphilosoph Georg Simmel mit dem Wesen des Philosophierenden beschrieb, der das »Unlösbare« einfach so behandelt, als wäre es »lösbar«[13] – in dem tiefen Wissen, dass es nicht so ist, wir aber keine Alternative haben, um überhaupt auf etwas zu kommen.

Aber ebendas erfordert wieder und wieder unseren Mut, es mit der Unsicherheit des Unlösbaren aufnehmen zu wollen, eine Kunst, die wir nur selten als persönliche Aufgabe ernst nehmen, weil wir zu beschäftigt sind, Erklärungen zu finden und Ziele abzustecken, Rechnungen zu bezahlen und unsere Kinder zur Schule zu fahren. In der Zeit, die dann noch bleibt, erwarten wir einfach, dass sich die Welt nach unseren Vorstellungen und Erklärungen richtet, und unterteilen sie in das, was erklärbar zu sein scheint. Aber dann passiert etwas Seltsames – wir nehmen der Welt das Rätselhafte und Geheimnisvolle und erklären uns selbst zur letzten Instanz – nach Hannah Arendt letztlich aber eine menschliche Vereinfachung und nicht mehr als »ein Spiel des Verstandes mit sich selbst«. Denn was, wenn der Welt unsere Vorstellungen egal sind und sie einfach macht, was sie will – auch wenn sie unserem Verstand dabei durchaus Raum für Erklärungen und Spielregeln lässt? Was bedeutet dieser innere Standortwechsel für unsere Suche, und was verändert sich dadurch?

Bleiben wir bei der Idee unserer Wanderung. Stellen Sie sich vor, Sie machen sich tatsächlich gut gerüstet auf den Weg und haben vorher alles genau geplant. Sie wissen, wo der Wanderweg sich wann gabelt, wie sinnvoll es ist, hier eine Abkürzung zu nehmen, da aber noch einen besonderen Ausblick zu genießen. Das Einzige, was Sie noch nicht gefunden haben, ist ein geeigneter Rastplatz. Nachdem eine Zeit lang alles nach Plan gelaufen ist, werden Sie langsam unruhig und sind nur noch damit beschäftigt, den idealen Rastplatz zu finden, vielleicht haben Sie sich vor Ihrem Aufbruch genau überlegt, wie dieser Platz aussehen sollte, ein paar Bäume, damit Sie Ihre Mittagspause im Schatten verbringen können, ein herrlicher Ausblick, vielleicht auf einen See, schön wäre, wenn der Platz etwas oberhalb der Landschaft läge, damit Sie von dort alles genau überblicken können – und so weiter. Den Details Ihrer Vorstellungskraft sind nur wenige Grenzen gesetzt, und Sie bemühen sich nach Kräften, dieses Ziel (das nicht einmal das Ende des Weges bedeuten soll) zu erreichen – aber ziemlich wahrscheinlich werden Sie einen solchen Platz niemals finden. Nun können Sie die Suche für gescheitert erklären, einen anderen Ort für gleichwertig erklären oder aber darüber nachdenken, warum Sie einen solchen Platz überhaupt finden wollten. Wo wollen Sie eigentlich hin und warum? Wir kennen diese Fragen aus anderen Lebensmomenten, aus Bewerbungsgesprächen, Gesprächen mit Freunden oder von Elternabenden: Wo wollen wir in fünf Jahren sein? Wie soll unser Haus aussehen, wo wollen wir leben? Wie gestalten wir die Zukunft unserer Kinder? O je, die Deutscharbeit verhauen, wie steht es um die Versetzung im nächsten Sommer – die Mittelstufe ist doch so wichtig fürs Abi, oder etwa nicht?

Sehr oft ist der Blick auf etwas gerichtet, das irgendwann genau so und nicht anders sein soll – man muss halt klare Ziele haben, und schließlich haben wir uns doch so gut darauf vorbereitet. Denn auch wenn uns allen bekannt ist, dass das Leben aus Veränderung besteht, so verwunderlich bleibt es doch, dass wir uns oft genug genauso benehmen wie dieser Wanderer. Wir suchen den perfekten Ort irgendwo in der Zukunft und verlernen dabei zu sehen und zu erkennen, was sich tatsächlich um uns herum abspielt. Worauf es also ankommt, wenn wir den »Sinn der Suche« verstehen lernen wollen, ist ein anderer Blick auf das, was wir um uns herum vorfinden: Die Welt besteht nicht allein aus lokalisierbaren Objekten und ist damit viel weniger erklärbar, plan- und kontrollierbar, als wir es gemeinhin annehmen. Das ist keine neue Erkenntnis, aber eine fundamentale Einsicht, und selbst, wenn wir damit ratlos zurückbleiben, könnte diese schlechte Nachricht hin und wieder ein wichtiger Schlüssel zum Glück sein.

Jeden Tag aufs Neue: Die Suche als alltagsphilosophische Praxis

Was aber genau folgt nun daraus? Wie machen wir uns auf den Weg, und wie können wir diese Praxis durch die Einsicht, dass sich vieles von dem, was wir suchen, unserer Kontrolle und unseren Prognosen entzieht, verändern?

Wir können unterschiedliche Dinge tun: Das, was uns in jedem Suchvorgang zu helfen scheint – egal, ob wir auf der Suche nach lokalisierbaren oder weniger lokalisierbaren Gegenständen sind –, sind Informationen, ein bestimmtes Maß an Wissen und das Gefühl, sich dadurch einen gewissen Überblick verschaffen zu können. Das ist eine gängige und durchaus empfehlenswerte Praxis – wenn wir dabei im Hinterkopf behalten, dass auch sie auf unsicheren Füßen steht. Fangen wir also an. Nichts leichter als das: Wir leben in einer Informationsgesellschaft – morgens schalten wir das Radio an, dann das Smartphone (sollten Sie unter vierzig sein, wahrscheinlich in der umgekehrten Reihenfolge), wenn wir

Zeit haben, werfen wir noch einen Blick in die Zeitung, und mit etwas Glück führen wir sogar noch ein Gespräch mit unserem Partner, den Kindern oder dem netten Nachbarn – all das, was wir da tun, vermittelt uns Informationen.

Daraus können wir etwas machen: Vielleicht stoßen wir auf eine Frage, der wir nachgehen wollen, ein Thema, das sich zu recherchieren lohnt, oder auf einen Tipp für ein gutes neues Buch. All das hilft uns auf unserem Weg, und wir sortieren eifrig die nützlichen und die weniger nützlichen Informationen und bahnen uns unseren Weg, vielleicht erst mal nur den zur Arbeit, aber vielleicht gehen wir auch ein paar Schritte weiter. Das meiste aber bleibt sehr konkret: Viele dieser Informationen helfen uns bei der Suche im Supermarkt oder bei der Frage, wo wir den nächsten Arzt finden. Doch es ist auch so einiges dabei, was unser Leben nicht zwingend bereichert – und bei der eigenen Suche vielleicht sogar hinderlich ist. Was also ist notwendige und was überflüssige Information? Woher weiß ich, was ich wissen kann und wann der Verstand wieder sein Spiel spielt? Die hohe Kunst im Umgang mit Informationen liegt offenbar darin, sie so zu interpretieren, dass wir daraus Bedeutungen und Handlungsweisen ableiten können und wollen und unterscheiden lernen, wie viele Informationen dafür notwendig sind beziehungsweise ab wann uns ein Zuviel an Informationen davon abhält, etwas zu tun. In beiden Fällen gilt es, unseren Verstand nach Kräften zu bemühen, allerdings sollten wir hin und wieder vorsichtiger bei der Bewertung dessen sein, was er uns erzählt. Denn sobald wir in der Lage sind, auch unserem eigenen Verstand gegenüber wachsam zu bleiben, auch vermeintliche Selbstverständlichkeiten auf ihre Bedingungen und ihren Kontext zu befragen, sortieren wir die gewünschten Informationen in ein anderes Muster ein – ein Muster, in dem wir mit dem amerikanischen Philosophen Richard Rorty »bekehrbar« bleiben, weil auch das Muster selbst Teil der beständigen Überprüfung werden kann. Gerade in Zeiten, in denen das »Postfaktische« so hoch im Kurs steht, wir mit alternativen Fakten umzugehen haben und dabei nie so genau wissen, was eigentlich gemeint ist, wird diese Form der »Deutungskompetenz« zu einer individuellen Voraussetzung, um sich selbst Orientierungsleitlinien schaffen zu können. Damit werden Informationen zum Arbeitsmaterial gut begründeter Interpretationen: nicht zu willkürlichen Bausteinen irgendeiner beliebigen Geschichte, aber auch nicht zu Atomen einer vermeintlich objektiv gültigen Wahrheit.

Aber noch einmal: Was macht eine wichtige Information aus, beziehungsweise wie wird im Kontext meiner Deutung aus der Summe von Informationen etwas, das ich wissen kann? Information stammt vom lateinischen Verb *informare* ab, das so viel bedeutet wie formen, bilden oder gestalten. Darin steckt der Gedanke, dass wir aus einer Menge von Informationen etwas anderes werden lassen, etwas, das möglicherweise größer sein könnte als die Summe der einzelnen Teile – wir sind eben nicht nur informierte Wesen, sondern in der Lage, Informationen zu transformieren in etwas, das wir dann Wissen nennen. Die Informationstheorie sieht in einer Information allerdings schon eine Teilmenge des Wissens, mit dem ein Sender durch einen Informationskanal dem Empfänger etwas mitteilt, was ein konkretes Interesse befriedigt. Informationen erfüllen einen Nutzen, und zwar immer dann, wenn wir etwas »wissen« wollen, meist in Form einer Antwort, die wir gesucht haben – ein eher mechanistischer Ansatz, der den Transformationsprozess weniger als organisches »Wachsen« ansieht, sondern eher als das Funktionieren eines Sender-Empfänger-Modells. Nehmen wir diese Perspektive ein, dann ergibt sich unser Wissen aus der Summe einzelner Informationsfragmente, ähnlich einem Apparat, einer Maschine oder einem gut geölten Mechanismus. In diesem Denken ist das Aneignen von Wissen eine recht systematische Angelegenheit, die sich darin sicher ist, dass die Dinge in logischen Bezügen und kausalen Wirkungsketten miteinander verbunden sind, und dass daher auch eine bestimmte Form der Information zu einer aus ihr hervorgehenden Form des Wissens führt. Wenn wir eine Antwort oder eine Lösung suchen, also hin und wieder auch einfach etwas wissen wollen, müssen wir aber nicht immer einen Haufen kleinteiliger Informationen gesammelt haben oder genaue Studien und Statistiken kennen, um ans Ziel zu kommen. Denn manchmal halten diese uns gerade davon ab, einen Blick für das Wesentliche zu bekommen.

Ein Beispiel über den trügerischen Wert von Detailinformationen bietet derzeit das weite Feld der gesunden Ernährung, was uns auf der Suche nach einem guten Leben selbstverständlich interessieren sollte. Mein Sohn kam kürzlich aus der Schule und verkündete mit leicht angestrengtem Tonfall, sie hätten in Bio nun das Thema Ernährung – und man solle jeden Tag 500 Gramm Obst und Gemüse essen, 200 Gramm Obst und 300 Gramm Gemüse, Brot auch, aber nur Vollkornbrot, allerdings maximal fünf Scheiben und immer abgestimmt auf die Menge an Kartoffeln, Reis oder Nudeln, die am Tag hinzukämen. Zucker ginge sowieso gar nicht, und viele Dinge, die uns von der Werbung als Gesundmacher angepriesen würden, hätten auf diesem biologischen Speiseplan natürlich nichts zu suchen. Meine Tochter hörte mit etwas angespannter Miene zu und machte sich kurzerhand über die Erbsenschüssel her – eher eine Pflichtübung als wirkliche Begeisterung, aber sie erkannte offenbar den Nutzen der mitgeteilten Informationen. Doch steckt in diesen Informationen wirklich das, was wir suchen, wenn wir von »guter Ernährung« sprechen? In dem Bericht meines Sohnes klang nichts nach Genuss oder Freude an dem, was wir da zu uns nehmen, sondern alles nach einer durchkalkulierten Speisefolge im Dienste der Gesundheit, der sich eigentlich nur Menschen verpflichten, die dringend die Weihnachtspfunde verlieren oder Krankheiten kurieren wollen. Selbstverständlich ist inhaltlich daran nichts auszusetzen, und sicher wäre es so manchem Achtklässler zu wünschen, dass er die eine oder andere Tüte Chips durch 200 Gramm Obst ersetzt. Aber ist der mathematische Umgang mit den Inhaltsstoffen von Obst und Gemüse die Lösung? Ich hatte nach diesem Gespräch jedenfalls das dringende Bedürfnis, meinen Kindern einen anständigen Vanillepudding zum Nachtisch vorzusetzen, um sie mit der Welt des Genießens ein wenig auszusöhnen (dazu gibt es sicher genauso viele Studien, die den Beweis antreten, dass das Maß an Genuss mindestens so gesund macht, wie die Menge an künstlichen Aromen und Zucker der Gesundheit schadet). Denn was ist es, was wir über das, was wir zu uns nehmen, wirklich lernen sollten? Was nützen uns diese Informationen für das, was wir ein gutes Leben nennen, wenn sie sich doch ohnehin alle paar Jahre zu verändern scheinen? Aber stimmt das eigentlich?

Der amerikanische Medizinprofessor David L. Katz lehrt und forscht an der Yale University in den USA unter anderem im Bereich der Ernährungswissenschaften und ist überzeugt, dass dieser Vorwurf nur teilweise gilt und letztlich wenig Verwirrung für unser Ernährungsverhalten stiften muss. Auf die Frage, ob er glaube, dass die Ernährungsindustrie sich oft täusche, antwortet er, es stimme zwar, dass einzelne Untersuchungen immer wieder zeigten, wie unausgereift einige Erkenntnisse seien, er aber bleibe dabei, dass wir genug wüssten, um uns gesund zu ernähren – und zwar schon sehr lange. Dass Gemüse gesund ist, steht seit mehr als fünfzig Jahren fest, und wir sollten auch kein Problem damit haben herauszufinden, was das bedeutet. Die Information an sich ist klar, und es gibt wenig Interpretationsspielraum. Allerdings verfallen wir in Extreme: Gemüse ist gesund, also wird alles andere verteufelt. Nach Katz (und damit ist er nicht allein) geht es um eine »ausgewogene« Ernährung, darin darf gewiss ein Vanillepudding vorkommen, auch Fleisch ist in Ordnung – aber hier geht es eher um die Qualität und weniger um das »ob überhaupt« und darum, ob ich allein nach der eigenen Gesundheit frage oder nach den Bedingungen der Tierhaltung, die ich für ethisch vertretbar halten möchte. Was sind also die Kriterien, die für meine Entscheidung wichtig sind? Das eine hat möglicherweise viel mit Moral, aber wenig mit gesunder Ernährung zu tun. Außerdem stellt sich die Frage, welche Erwartung wir mit einer gesunden Küche verbinden – Gesundheit und ein langes Leben selbstverständlich. Auch hier verweist Katz darauf, dass wir Ernährung im Gesamtzusammenhang sehen müssen: Bringen wir die äußeren Faktoren auf den Punkt, kommt es auf Bewegung und gute soziale Beziehungen an, außerdem auf genügend Schlaf und möglichst keine Zigaretten. Eine Studie aus dem Jahr 1993 bringt es auf den Punkt: »Einen frühzeitigen Tod stirbt derjenige, der sich schlecht ernährt, keinen Sport treibt, Übergewicht hat und raucht.« Lassen wir eines dieser Dinge weg, verbessert sich unsere Chance, nicht frühzeitig zu sterben, Garantien gibt es keine. So einfach ist das und so wenig neu – und es ändert sich nicht, egal wie viele Informationen wir darüber hinaus in Erfahrung bringen.[14]

Es scheint also in manchen Dingen weniger eine Frage der Informationen oder des Wissens zu sein, die unserer alltäglichen Suche nach einem guten Leben im Wege steht, sondern die Tatsache, dass das, was wir da an einfachen Weisheiten hören, in der Umsetzung alles andere als einfach ist und sehr unterschiedlichen Kriterien gehorcht. Und so sagt David L. Katz noch einen wichtigen Satz, der weit über seine eigene Disziplin hinaus gelten dürfte: »Es verdienen viele Leute Geld damit, dass wir verwirrt sind. Dann gibt es noch ein anderes Problem, und das sind wir selbst. […] Dieselben vernünftigen Erwachsenen, die niemals auf einen Hütchenspieler hereinfallen würden, glauben daran, dass es einen einfachen Trick gibt, schlank und gesund zu werden. Sie glauben es natürlich nicht wirklich. Aber sie wollen es gern glauben. Wir müssen erwachsen werden. Wir müssen aufhören zu glauben, dass das, was wir für wahr halten, auch wahr ist.«

Es geht also darum, sich mithilfe seiner ganz persönlichen Vernunftbegabung (als Kinder der Aufklärung) klarzumachen, dass die Erkenntnisse, die wir brauchen, die Informationen, die wir suchen, oft genug schon längst vorliegen, wir aber mit der Umsetzung nicht so recht hinterherkommen – weil es einfach doch einfach schöner wäre. Die einfachen Botschaften sind verlockend und springen uns jeden Tag an, nur ein Beispiel: Vor einigen Monaten flog ich beruflich nach Zürich und durfte mir für den Flug ein wenig kostenlose Lektüre aussuchen. Nicht nur, aber auch aufgrund des Formats und all der guten Vorsätze in meinem Hinterkopf, ganz bald wieder mehr Sport zu treiben, griff ich zu einem führenden Fitnessmagazin, das mir gute Tipps für die Rückkehr ins regelmäßige Lauftraining versprach. Eigentlich bestand die gesamte Zeitschrift aus nichts anderem als Tipps dafür, mit meinem bisherigen Leben aufzuhören und endlich dies oder jenes zu tun, um mich schön, gesund, schlank und glücklich zu fühlen – ein Konzentrat für das schlechte Gewissen, gekrönt von einer Übung, die mir schnell und sicher eröffnen würde, wie lange ich noch zu leben hätte. Wow, im Flieger war für diese Übung zum Glück zu wenig Raum. Zu Hause auf dem Wohnzimmerfußboden angekommen, konnte ich also endlich das Geheimnis lüften und herausfinden, was mein Körper mir immer schon einmal sagen wollte. Das Ergebnis war in Ordnung – ließ aber durchaus *room for improvement* und bei mir ein fades Gefühl von Nichtgenügen und gleichzeitig der peinlichen Erkenntnis zurück, wirklich auf einen Hütchenspielertrick hereingefallen zu sein.

Warum tun wir so etwas?

Um dem Ziel einer gesünderen Lebensweise und regelmäßiger Sporteinheiten näher zu kommen, brauche ich ganz sicher keine weiteren Zeitschriftentipps, das, was ich dafür brauche, weiß ich schon lange – ob ich es dann tue, ist eben eine zweite Frage, und die liegt in der Überlegung, wie ich weniger das reine Ziel im Blick habe, sondern mein tägliches Verhalten so verändere (im besten Fall sogar ohne digitale Befehle vom eigenen Handgelenk), dass sich dieses Ziel daraus überhaupt ergeben kann.

Um also tatsächlich etwas suchen zu können, muss ich

von der Erkenntnis beziehungsweise der Information in eine Form der Praxis kommen, die nicht sofort durch die nächste Information wieder ausgehebelt werden kann. Mit dem Begriff der Praxis beschreibt schon Aristoteles in seiner »Metaphysik« eine Tätigkeit, die nicht allein auf die Erfüllung äußerer Zwecke ausgelegt ist, sondern die in sich selbst ihren Wert verankert – wir lesen, um zu lesen, singen, um zu singen, und tanzen, um zu tanzen. Heute aber tun wir viele Dinge, um etwas anderes zu erreichen, wir sammeln Fakten, um mit der daraus gewonnenen Erkenntnis zur Ruhe zu kommen, machen Sport, um gesund zu bleiben und jung auszusehen, lesen Bücher, um mitreden zu können, und suchen uns so manche Freunde, um dazuzugehören. Daran müssen wir nicht unbedingt etwas ändern, aber es ist hin und wieder hilfreich, sich zu überlegen, ob es nicht auch Dinge gibt, die einfach um ihrer selbst willen lohnenswert und bereichernd sind. Es gibt Bücher, die zu nichts führen, außer zu dem guten Gefühl, das eigene Leben durch die gelesenen Gedanken bereichert zu haben, Sätze und Texte, die im Rückblick Weichen gestellt haben, ohne dass sie darauf ausgelegt waren, besonders informativ zu sein.

Nun werden Sie einwenden, dass es hier aber doch um die Suche als alltagstaugliche Praxis geht – und gerade dieses Suchen sollte doch ein zielgerichtetes Handeln sein, um letztlich etwas finden zu können. Wie kann die Suche also eine Praxis sein? Eine Suche um ihrer selbst willen erscheint vollkommen sinn- und zwecklos. Sie haben selbstverständlich recht, solange es um konkrete Suchvorgänge, also die bekannten lokalisierbaren Objekte im weitesten Sinn geht – eine Lesebrille zu suchen, die wir nicht haben, ist wenig sinnvoll, und einfach so vor sich hin zu suchen, ebenfalls, aber wenn wir nun die Perspektive verändern und anerkennen, dass wir uns in existenziellen Lebensfragen trotz aller Informationen auf keinen »feststellbaren Zustand« zubewegen, sondern die Unbeständigkeit als einzige letzte Sicherheit akzeptieren müssen, dann ist es die Kompetenz, also die »Praxis des Suchens«, die das eigentliche Ziel ausmacht – ganz im Sinne des frühromantischen Denkers Friedrich Schlegel, der in seinem Roman »Lucinde« schreibt: »Nur in seinem Suchen findet der Geist des Menschen das Geheimnis, welches er sucht.«

Es geht also bei unserer Suche auch darum, der Welt ihr Geheimnis zurückzugeben, indem wir erkennen, dass wir nicht alles finden können – und gleichzeitig darum, uns diesem Geheimnis jeden Tag aufs Neue zu nähern, Informationen zu sammeln, uns in Beziehung zu setzen und der eigenen Überprüfung standzuhalten.

Kehren wir am Ende dieses ersten Kapitels noch einmal ganz an den Anfang und damit an den Küchentisch meiner Freundin zurück und versuchen uns aus der Ferne an einer solchen philosophischen Überprüfung. Nach allem, was wir bis jetzt gehört haben, gilt die erste Frage dem, was wir eigentlich suchen: Was also genau ist der Gegenstand ihrer Suche?

Angefangen hatte unser Gespräch mit einer ganz allgemeinen Frage, warum wir grundsätzlich und überhaupt nach »Verbesserung« streben, selbst wenn doch eigentlich alles da zu sein scheint. Darin liegt ohne Frage die Feststellung eines Mangels, nämlich das Unvermögen, zufrieden zu sein, nicht, weil tatsächlich etwas fehlt, sondern weil das, was da ist, von einer äußeren Vorstellung abweicht. Dieses Abweichen gaukelt einen Mangel vor, oft genug, bevor wir selbst darauf gekommen wären. Diesen Mangel aber können wir kaum beheben, indem wir neueste Erkenntnisse oder Informationen sammeln oder uns selbst Beweise vorlegen, wie gut es uns geht. Oft genug erleben wir ihn sogar erst im Vergleich: Die Frauen auf den Plakaten sind immer erfolgreicher, ihre Geschichten spannender, sie haben perfekte Kinder und sehen auch als Vorstandsvorsitzende noch blendend aus – oder sie laufen im Bikini am Strand herum und grinsen dümmlich in die gierigen Gesichter gut gebauter Bademeister. Das Erste macht uns neidisch, das Zweite regt uns auf – aber was genau hat das mit uns zu tun? Diese erste Feststellung meiner Freundin betrifft also eher eine zeitgeistkritische Debatte zum gängigen Menschen- beziehungsweise Frauenbild und weniger eine wahrhafte Suche nach etwas, das ihr in ihrem Leben fehlt.

Trotz dieser vielleicht intellektuell wertvollen Kritik lag darin aber auch eine Einsicht, die weniger glanzvoll daherkam – nämlich die, dass wir deutlich weniger Probleme hätten, wenn wir uns nicht ständig vergleichen würden. Erst der Vergleich führt zu so etwas wie »Mangelgefühlen zweiter Ordnung« (Peter Sloterdijk in »Psychologie heute«, Oktober 2009, über eine »künstliche Mangelideologie«, die bei materieller Sättigung auftritt und der Entwicklung einer »Weisheitskultur« im Wege steht), und vielleicht lohnt sich der Vorschlag der Psychologieprofessorin Claudia Senik, die an der Pariser Sorbonne über die Kriterien für Wohlbefinden forscht,[15] den eigenen Ehrgeiz zu befeuern, statt sich im Vergleich aufzureiben – mit anderen Worten, uns zu fragen, worin wir wirklich gut sein können, völlig unabhängig davon, was alle anderen anscheinend so blendend hinbekommen. Allerdings ist bei dem Wort Ehrgeiz Vorsicht geboten:

Es geht bei diesem Streben nach dem Guten eben nicht um das Abarbeiten eines gesellschaftlichen Leistungskatalogs, sondern um die eher leise Frage: Was halte ich für gut – und worin will ich gut sein? Diese ehrgeizige Frage behandelt also nicht nur die Möglichkeit, eigene Leistungen zu steigern, sondern die Frage nach dem eigenen Wertegerüst und unseren ethischen Maßstäben. Oftmals kommen wir jedoch gar nicht so weit, weil es uns nicht gelingt, die Einflüsse der gebrüllten Appelle der Außenwelt oder die Sticheleien der Kollegin an uns vorbeirauschen zu lassen, um dem Wahn des ständigen Vergleichens, also einer besonderen Form der »relationalen Selbstoptimierung«, zu entkommen. Was aber kann helfen, um genau das zu können? Bleiben Sie dran, stellen Sie Fragen, und suchen Sie weiter – es wird einen Moment geben, in dem Sie über etwas stolpern, vielleicht staunen oder beginnen zu verstehen, worum es tatsächlich geht, das Einzige, was Sie dafür brauchen, sind Zeit und ein wenig philosophische Beharrlichkeit.

Nach dem dritten Becher Tee hatten meine Freundin und ich endlich einen Begriff gefunden, der zu all den Fragen passte, die in ihr nicht zur Ruhe kamen. Das, was sie suchte, war keine neue Rolle in der Frauenbewegung, kein Reihenhaus am Stadtrand oder ein Job im Aufsichtsrat, sondern etwas ganz anderes, überaus Menschliches: Anerkennung für das, was sie zu ihrem Leben gemacht hatte. In dem Moment, in dem dieser Gedanke auf dem Tisch lag, trat an unserem besonderen Nachmittag ein kleiner, etwas betretener Moment ein – irgendwie hat es etwas Peinliches, sich diesen Wunsch einzugestehen, eigentlich kommen wir doch klar, sind frei und unabhängig, warum brauchen wir noch mehr Anerkennung anderer? Wir haben einen Haufen Bekannte, einige wirkliche Weggefährten, Facebookfreunde, die eifrig liken, was wir so tun, und doch bleibt dieses leise Sehnen nach »mehr«, danach, gesehen zu werden, auch oder vielleicht gerade wenn wir nicht an all unsere hochfliegenden Ziele kommen. Dieser Wunsch begleitet jeden von uns, aber was genau können wir tun, wenn wir nach Anerkennung suchen? Mit dieser Frage waren wir also tatsächlich schon einen großen Schritt weiter – aber noch lange nicht am Ziel, denn mal ganz ehrlich: Was genau bedeutet Anerkennung?

Anerkennung können wir nicht herstellen oder für uns beanspruchen, wir müssen sie uns auf irgendeine diffuse Weise verdienen. Das macht die Suche nach ihr leider umso schwerer. Zunächst einmal können wir aber den Spieß umdrehen und fragen, wem oder was wir unsere Anerkennung schenken und warum wir das tun. Wir erkennen Dinge an, die sich nicht leugnen lassen, weil jemand gute Gründe nennen kann, ordentliche Arbeit geleistet hat oder etwas unbestreitbar richtig klingt, wir erkennen das ernsthafte Streben nach was auch immer an und vielleicht die damit verbundene Anstrengung. Wir können uns außerdem vornehmen, bestimmte rechtliche Normen anzuerkennen, die wir für gut halten, wie zum Beispiel den Wert eines jeden Menschen, wie er im Grundgesetz festgeschrieben ist oder auf dessen Basis die Menschenrechte verankert werden. Wenn wir diesen Gedanken ernst nehmen, haben wir ein Recht darauf, als Mensch anerkannt zu werden, mit den dazugehörigen Freiheiten und den damit verbundenen Pflichten – entsprechend der kantischen Setzung, dass jeder Mensch nicht nur als Mittel, sondern stets als Zweck zu behandeln ist. Aber hilft uns das, wenn wir in unserer Küche sitzen und sehnsüchtig unsere Katze kraulen?

Hier geht es uns schließlich weniger um das Einhalten von Konventionen oder rechtlichen Prinzipien, sondern um eine Anerkennung, die uns gilt, die allein aus einer Zuneigung unserer Person gegenüber erwächst. Ähnlich wie »Sinn«, »Glück« oder »Liebe« ist die Suche nach Anerkennung etwas so Existenzielles, dass es eben nicht mit einem Schulterklopfen oder einem Motivationstraining am Wochenende getan ist, um die Suche danach zu beenden. Es geht immer weiter und beginnt immer wieder aufs Neue. Und doch gibt es Kontexte, in denen wir uns anerkannt und gewürdigt fühlen – ohne Wettbewerb, Konkurrenz oder das ewige Bestehen im Vergleich. Anerkannt werden wird dort, wie es der Philosoph Theodor W. Adorno zusammenfasst, wo wir schwach sein können, »ohne Stärke zu provozieren«. Die Regeln von »besser oder schlechter« greifen in solchen Kontexten nicht, denn anerkannt wird, was wir sind, um unserer selbst willen.

Es geht also nun darum, tatsächlich einen Anfang zu machen, um mich selbst in dem zu erkennen, was ich bin, wo und warum, und zwar immer wieder aufs Neue – erst dann ist darin auch der Grundstein für das gelegt, was »Anerkennung« finden kann. Bei aller Unterstützung für die Suche als einer beständigen Praxis und die Einsicht in die ewige Unbeständigkeit müssen wir also vom Suchen ins Aussuchen kommen. Dieser Schritt geht nun weit über die Möglichkeiten eines Sonntagnachmittags hinaus und steht so im Zentrum eines eigenen – des nächsten – Kapitels: Hier geht es um die Frage, was es eigentlich heißt, sich zu entscheiden, und warum wir heute so viele Schwierigkeiten damit haben, uns auf irgendetwas festzulegen – sogar auf uns selbst.

2. Vom Suchen zum Aussuchen: Die Kraft der Entscheidung

Denn was wir gewöhnlich unter Wollen
verstehen, ist eine bewusste Entscheidung,
die für die meisten unter uns dem nachfolgt,
wozu er sich selbst gemacht hat.
Jean-Paul Sartre

Fangen wir ganz grundsätzlich an: Welche Entscheidungen haben Sie in Ihrem Leben ganz bewusst getroffen, also welche wirklich existenziellen Entscheidungen? Und wie genau haben Sie das gemacht? Sind Sie da eher hineingeschlittert, war es ein Moment der intuitiven Gewissheit oder ein Plan, eine Strategie, die Sie verfolgt haben – und würden Sie es wieder tun? In die »Freiheit geworfen« wie es bei Jean-Paul Sartre heißt, sind wir ständig gefordert, Entscheidungen zu treffen, und egal, was wir tun, es geht weiter und weiter. Wir haben die Wahl, in den großen Fragen wie den ganz normalen Alltäglichkeiten – täglich entscheiden wir uns viele Hundert Mal, selbst wenn wir es nicht immer bemerken.

Aber auch mit den bewussten Entscheidungen geht es

schon morgens los: Welche Brötchen sollen es sein? Altbewährt oder heute doch ein Croissant? Kaffee oder Tee? Mit oder ohne Milch – laktosefrei oder Soja? In einer Welt voller Möglichkeiten jagt eine Entscheidung die nächste, und wie wir damit umgehen, hängt vielfach davon ab, welche Perspektive wir einnehmen, wenn wir auf diesem Grat des Möglichen entlangwandern. Wenn Sie beispielsweise gerade angefangen haben, Ihre Blutwerte durch eine neue App überwachen zu lassen, dann werden Sie wahrscheinlich größere Probleme haben, sich für Croissant und Cappuccino zu entscheiden, haben Sie aber gerade beschlossen, dass Gesundheit und Wohlbefinden nicht zwingend aus einer Grafik abzuleiten sind, dann werden Sie andere Kriterien bei der Zusammenstellung Ihres Frühstücks anlegen. Es geht hier aber nicht darum, die Inhalte Ihrer Entscheidungen auf den Prüfstand zu stellen, sondern zu überlegen, was wir eigentlich tun, wenn wir eine Wahl treffen: Was genau ist überhaupt eine Entscheidung?

Wenn wir nach einer Definition suchen, dann stoßen wir auf Beschreibungen wie diese: Eine Entscheidung ist ein »ethisch-politischer Terminus zur Bestimmung des einer Handlung unmittelbar vorhergehenden Entschlusses beziehungsweise Beschlusses. Handlungen, die in einem alternativen Horizont stattfinden, werden durch Entscheidungen gelöst.«[16] In solch wenig einladenden Sätzen wird eine bewusste Handlung beschrieben, die uns zwischen mindestens zwei Möglichkeiten wählen lässt – in der Hoffnung, dass eine Frage beantwortet, ein Konflikt gelöst, ein Wunsch erfüllt ist, wenn ich mich für die eine und gegen die andere Möglichkeit entscheide. Denn sobald ich etwas entscheide, verwirkliche ich etwas und schließe etwas anderes aus. Das klingt wie eine Lösung, aber derzeit scheint es vielfach auch ein Teil des Problems zu sein: Wenn ich mich für diese Party, diesen Job, dieses Auto entscheide – dann könnte ja vielleicht morgen eine noch viel perfektere Lösung um die Ecke kommen. Und was dann? Also erst mal nicht entscheiden? Auch das ist Ihre Entscheidung, denn wenn mehrere Dinge zur Auswahl stehen, ist der Rückzug ebenfalls eine Wahl. Das, was uns dazu nötigt, eine Wahl zu treffen, ist die Tatsache, dass unsere Welt komplex ist, wie der Systemtheoretiker und Soziologe Niklas Luhmann hervorhebt: »Unter Komplexität wollen wir verstehen, dass es stets mehr Möglichkeiten gibt, als aktualisiert werden können. [...] Komplexität heißt also praktisch Selektionszwang«[17]. Auf das, was der Umgang mit einer komplexen Welt von uns fordert, kommen wir noch ausführlicher zu sprechen, hier geht es zunächst erst einmal darum, was wir davon halten, unter diesen Bedingungen entscheiden zu müssen, zu dürfen oder zu können.

Auf die Freiheit, überhaupt entscheiden zu können, wollen wir ganz sicher nicht verzichten. Denn in jeder Möglichkeit liegt vielleicht eine kostbare Chance, eine einmalige Gelegenheit, und wir wollen doch die Freiheit, sie zu gestalten. Finden wir es also interessant, vielleicht sogar schmeichelhaft oder aufregend, wählen zu können, sind wir neugierig, oder fällt es uns eher schwer, die Qual der Wahl auszuhalten? Denn auch wenn es unglaublich interessant sein mag und der US-Psychologe Barry Schwartz das »Angebot« zum Dogma der westlichen Welt erklärt hat (»Anleitung zur Unzufriedenheit«), dann ist es auch nicht unwichtig, den Umfang dieses Angebots mit zu beurteilen. Jede Wahl fällt selbstverständlich leichter, wenn die Alternativen nicht ins

Unermessliche steigen, ich nicht aus fünfzig Teeüberschriften, die mir Glück, Entspannung und das ganz große Wohlgefühl bescheren sollen, und siebzehn verschiedenen Marmeladensorten auswählen muss, um neben den Brötchen und dem Kaffee die weiteren Bestandteile für mein Frühstück (und vielleicht auch noch das meines Partners) zusammenstellen muss. Denn: Je mehr zur Auswahl steht, desto größer ist die Chance danebenzugreifen. Das Leben wäre also deutlich einfacher, wenn weniger zur Auswahl stünde, aber wie beziehungsweise wo fangen wir an zu reduzieren?

Glauben wir manchen gut gemeinten Ratschlägen, dann hilft uns die Idee des »einfachen Lebens«[18], um entschleunigt, umweltbewusst und gut ernährt (wir erinnern uns an den Ausflug in die Welt der Ernährung im ersten Kapitel) auf das Wesentliche stoßen zu können, das uns dann den Weg zu dem weist, was unwesentlich und damit überflüssig ist. Wenn alles klar ist, brauchen wir keine Entscheidung mehr zu treffen, wir tun einfach das, was wir für richtig halten. Also müssen wir erst einmal die Bedingungen herstellen, um uns einen Überblick verschaffen zu können und herauszufinden, was wir für richtig halten und was nicht. Aber sind diese Bedingungen dann gleichbedeutend mit dem, was wir für ein einfaches Leben halten? Allein die Reduktion des Möglichen bedeutet noch keinen zwingenden Anstieg an Qualität – weniger ist weniger und nicht immer gleich besser. Und ein einfaches Leben bedeutet auch nicht, zurück auf die Bäume zu wollen: Warum kann man nicht ganz ursprünglich bei Mondlicht baden gehen, mit seinem Hybridcabrio nach Hause fahren, morgens die Schafe füttern und danach eine Telefonkonferenz mit den Kollegen in London führen? Warum tut sich die Idee eines vielleicht nicht ganz so einfachen, dafür aber guten Lebens so schwer mit der Vorstellung einer Verbindung aus Wohlstand, technischem Fortschritt und Genuss – die nicht zwingend den Planeten ausbeuten muss? Geht es hier nicht um etwas ganz anderes? Eigentlich wollen wir ja nicht unbedingt ein Weniger, sondern nur weniger Komplexität. Wenn wir aber glauben, wir würden die komplexen Zusammenhänge des modernen Lebens reduzieren, indem wir es durch ebenso lifestyleartige Gesamtkonzepte umorganisieren und ihm dann das Label »analog«, »vegan« oder »bewusst« aufdrücken, leben wir möglicherweise am eigentlichen Thema vorbei – denn Komplexität ist eine eigene Qualität im Zusammenspiel der Dinge und weniger ein Ausdruck für ein zu hohes Maß an quantitativen Verirrungen. Reagieren wir darauf nur mit einem Weniger, werden wir vielleicht einige überflüssige Dinge in unserem Leben los und reisen mit leichterem Gepäck, ein wirkliches Verständnis für die Komplexität des eigenen Lebens gewinnen wir aber auch dadurch nicht. In vielen Appellen der gegenwärtigen Entschleunigungskultur geht es leider entsprechend weniger darum, das eigene Leben in einem sozialen Kontext zum Thema zu machen und das dafür notwendige Rüstzeug für die darin zu treffenden Entscheidungen zu entwickeln, sondern darum, Teil einer Community zu werden, die bestimmten Regeln folgt, damit wir letztlich keine eigenen Entscheidungen mehr treffen müssen. In solchen Communitys haben wir es also eher mit vielen westeuropäischen Luxusproblemen zu tun als mit den nicht zu leugnenden Herausforderungen moderner Lebenswelten.

Bleiben wir aber zunächst bei der Ausgangsfrage, denn auch wenn die Inhalte so mancher unserer Entscheidungsprobleme durchaus fragwürdig bleiben, die grundlegende Problematik dahinter ist eine sehr alte und überaus menschliche: nämlich die Frage, wie es gelingen kann, eine gute Entscheidung zu treffen, beziehungsweise was ich tun und wissen muss, damit ich überhaupt gut entscheiden kann.

Was bedeutet es, eine Entscheidung zu treffen?

Wenn wir gute Entscheidungen treffen wollen, müssen wir uns von der Idee verabschieden, dass eine gute Entscheidung eine einsame Angelegenheit ist, die ich am besten hinter verschlossenen Türen mit mir selbst ausmache, um dann im rechten Moment mit der einzig möglichen Lösung auf die Bühne zu treten – eine immer noch recht verbreitete Vorstellung insbesondere in Unternehmerkreisen. Der Hirnforscher Ernst Pöppel ist überzeugt, dass Entscheidungen nur dann als gut empfunden werden, wenn die emotionalen Aspekte und Facetten beim Abwägen der zur Verfügung stehenden Möglichkeiten mit einbezogen werden – sprich der gesamte Kontext einer Entscheidungssituation.[19] Bei jeder guten Entscheidung geht es darum, den Rahmen des Möglichen einzubeziehen: Welche Gründe führen zu meiner Entscheidung, in welcher Situation befinde ich mich, wer ist an meiner Entscheidung beteiligt, und welche Konsequenzen erwarte ich von meiner Entscheidung?

Wenn Sie sich an wichtige Entscheidungsmomente Ihres Lebens erinnern und diese vier Fragen im Hinterkopf behalten, werden Sie feststellen, dass Sie nur sehr selten alle eindeutig hätten beantworten können, Sie also immer auf der Basis unsicherer Grundannahmen entscheiden mussten. Darin liegt aber kein Defekt der Moderne, sondern ein Wesenszug dessen, was wir Leben nennen. Das, was sich aber verändert hat, sind die Häufigkeit und die Reichweite der Entscheidungen, die wir treffen wollen und müssen, und damit das Gefühl der Verunsicherung.

Dennoch können wir unser Entscheidungsverhalten selbst in den Blick nehmen, uns die eigenen Gründe und den Kontext unserer Entscheidungen klarer machen und uns mehr Zeit für das Nachdenken über mögliche Konsequenzen nehmen – allein, um Zeit zu sparen, die nicht in willenlosen Aktionismus fließen muss. Wie also entscheiden wir uns, wofür und warum? Nehmen wir ein persönliches Beispiel, in dem es weniger um eine Entscheidung als »Single-time Event« geht, sondern um eine komplette Verschiebung von Entscheidungskriterien. Am Anfang stand eine der weitreichendsten Entscheidungen, die ich – wie viele andere Menschen in ihrem Leben auch – getroffen habe, nämlich die, eine Familie zu gründen, Kinder zu bekommen und mich damit – anders als bei vielen anderen Entscheidungen – in absolutes Neuland vorzuwagen. Natürlich gab es auch vorher schon gewichtige Entscheidungen zu treffen, die aber fast alle mit der Vorstellung einhergingen, zumindest einigermaßen zu wissen, worauf ich mich einlassen, freuen oder vorbereiten konnte (auch wenn oft genug dann doch alle Pläne über den Haufen geworfen werden mussten). Bei der Entscheidung für Kinder war das anders, und dennoch gab es für mich und meinen Mann hier kein Fragezeichen – wir wussten, dass wir ein Familienleben wollten, auch wenn wir nicht wussten, was das genau bedeutet und was es mit uns macht. Ein wichtiger Punkt, den wir im Kopf behalten wollen – unabhängig von konkretem und greifbarem Wissen, das wir uns durch Informationen aneignen können, gibt es offenbar so etwas wie eine Gewissheit, die in aller Unsicherheit dafür sorgt, dass wir uns unserer Entscheidung sicher sind. Dennoch blieben die altbekannten Fragen nicht aus: Wie kann ich die Verantwortung für jemanden übernehmen, den ich noch nicht kenne, zumal ich nicht weiß, wie dieser Mensch mein weiteres Leben auf den Kopf stellen wird? Wie werden unsere Kinder uns verändern, zu welchen Menschen werden wir als Eltern werden? Wir wussten es nicht und konnten es auch nicht in Erfahrung bringen – eine Entscheidung also auf Basis guter Hoffnung und dem Vertrauen, dass man da irgendwie mitwächst. Über diese emotionalen Gefühlslagen werden beständig Gespräche zwischen Eltern und Nichteltern geführt, und es sind ausreichend Bücher geschrieben worden, die mit offenbar mäßigem Erfolg versuchen, all diese Unsicherheiten zu reduzieren. Mich interessiert hier aber wie gesagt etwas anderes. Nämlich mein eigenes Entscheidungsverhalten, das sich durch die Tatsache, sich in einen neuen Kontext – einen neuen Rahmen des Möglichen – hineinzuleben, völlig verändert hat, ohne dass es unmittelbar etwas mit meinen Kindern zu tun hat, zumindest nicht auf den ersten Blick. Sie haben allerdings dafür gesorgt, dass mir die Qualität komplexer, lebendiger bis chaotischer Zusammenhänge sehr deutlich vorgeführt wurde und immer wieder wird: Es gibt wenig, was ich erwarten, und kaum etwas, das ich genauso planen kann, wie ich es gern hätte. Ohne jede Planung aber geht gar nichts. Wir befinden uns also mitten in dem bereits angesprochenen Paradox, das erstaunlicherweise ganz gut funktioniert, wenn man Chaos und Lebendigkeit nicht ständig zu vermeiden sucht.

Viele kleine Veränderungen fühlten sich anfänglich an

wie Unzulänglichkeiten: Ich kriege es halt nicht besser hin, Kompromisse gehören dazu, ist eben nicht perfekt und so weiter – so manches wurde unter Zeitdruck entschieden, übermüdet und unaufmerksam, und das, was dabei zustande kam, war alles Mögliche, aber ganz sicher nicht immer ein wirklich gelungenes Ergebnis. Ein Status, für den es nicht zwingend Kinder braucht, jeder stressige Job oder eine größere Reise ans andere Ende der Welt sind dazu ebenso in der Lage, und das, was diese Momente gemein haben, ist das Gefühl, die Kontrolle, den Überblick verloren zu haben und nicht mehr sicher zu sein, ob man das Ruder wirklich fest in der Hand hat.

Mittlerweile aber bin ich gerade für diese Momente und Erfahrungen dankbar – das ist leicht zu sagen, wenn diese Augenblicke seltener werden und das Ruder wieder öfter zur Verfügung steht, aber es stimmt tatsächlich, weil es mich manchmal auf etwas unsanfte Weise mit der Erkenntnis bekannt gemacht hat, dass ich eben nicht alles richtig machen kann – selbst wenn ich glaube, alles dafür getan zu haben. Das klingt nach Ernüchterung, meint aber Erleichterung. Denn diese Erkenntnis hat mich von so mancher romantischen Vorstellung befreit, dass sich Entscheidungen ineinander fügen oder dass Ursache und Wirkung wirklich linear miteinander zusammenhängen, sie haben mich demütiger und gleichzeitig kritischer werden lassen, dafür aber extrem viel wachsamer für gute Fügungen, Zufälle und sogenannte »Anastrophen«, die Tatsache, dass aus dem Chaos nicht nur katastrophale Unordnung entsteht, sondern auch plötzliche Momente, in denen sich alles völlig unerwartet zum Guten wendet – ohne dass irgendjemand wirklich etwas dafür tun musste. Dank dieser Wachsamkeit, gepaart mit einigen dazugewonnenen Fähigkeiten in Sachen Organisation und Zeitplanung im Kampf mit den eigenen Unsicherheiten, lerne ich wieder und wieder, dass Unvollkommenheit nicht (immer) im Gegensatz zu gut getroffenen Entscheidungen stehen muss – aber woran misst sich die Güte einer Entscheidung? Am Ergebnis oder an der Intention, an den Konsequenzen oder den ethischen Maßstäben? Eine alte philosophische Frage, an der wir gerade, weil sie so schwer zu beantworten ist, bis heute nicht vorbeikommen.

Stellen Sie sich einfach folgende Situation vor: Sie sind mit drei Kindern – sagen wir alle unter zehn Jahren – in einem Kaufhaus und versuchen, ein Paar Winterschuhe, neue Jeans und ein Geburtstagsgeschenk für Ihre Nachbarin zu finden. Bis zum Mittagsschlaf des Jüngsten bleiben noch etwa zwei Stunden. Sie sollten also dafür sorgen, dass der kleine Kerl nicht auf dem Rückweg im Auto einschläft, sonst können Sie den Abend mit Ihrem Mann auf dem Sofa vergessen. Es gilt, unterschiedliche Prioritäten einzubauen, die in direkter Abhängigkeit zur Schnelligkeit der getroffenen Entscheidungen stehen. Früher (das heißt also in meinem Leben vor den Kindern) habe ich es genossen, meine Erledigungen wohlüberlegt abzuarbeiten, von einem Laden in den nächsten zu marschieren und am Ende bei einem anständigen Milchkaffee eine Entscheidung zu treffen, zwei mögliche Schuhpaare waren irgendwo zurückgelegt, und die Zeit reichte aus, um die Suche möglicherweise sogar noch fortsetzen zu können. Nun, dieses Leben liegt hinter mir, heute habe ich nur Zeit für dieses eine Kaufhaus – jeder Schuh, der als »cool« eingestuft, preislich annehmbar und qualitativ in der Lage ist, den nächsten großen Regen zu überstehen, wird gekauft, die Auswahl des Geschenks findet etwas mehr

Aufmerksamkeit, wird aber durch die Suche nach einer Toilette jäh unterbrochen, und die Jeans werden durch die heruntergesetzte Cordhose ersetzt, die man zur Not auch zum nächsten Familienfest mit dem karierten Hemd zusammen anziehen kann. Gesucht, entschieden, gekauft – aufs Klo und wieder nach Hause. Großartig!

Aber halt – habe ich in diesem Moment tatsächlich gute Entscheidungen getroffen oder eher willenlos nach dem Erstbesten gegriffen, was noch halbwegs annehmbar erschien? Ja und nein – vielleicht sind die Winterschuhe nicht die bestmöglichen, und das Geschenk hätte mit etwas mehr Liebe auf seine Adressatin abgestimmt sein können, aber ich habe mich entschieden, aus der Summe der Möglichkeiten in einem bestimmten Kontext das Bestmögliche zu machen – und am Ende beschert mir die Tatsache, dass mein Sohn nun mit einem orangefarbenen Dino auf seinen Stiefeln herumläuft, recht wenige Nachteile im Leben. Ich habe mich also sehr wohl entschieden, aber nicht so sehr auf Basis rationaler Abwägungen oder mithilfe logischer Analysen. Die Kriterien für eine gute Entscheidung sind andere geworden, weder früher noch heute ging es in diesen Fragen also um das einzig mögliche Ergebnis, sondern um die bestmögliche Lösung auf der Basis gegenwärtiger Kriterien beziehungsweise Beschränkungen – welche Fähigkeiten wir dabei am besten nutzen, wird uns noch beschäftigen.

Das, was hier geschieht, ist die Einsicht in die Veränderlichkeit von Referenzsystemen im eigenen Verhalten. Was von Bedeutung ist, hat sich in einem neuen Kontext verschoben und gehorcht anderen Kriterien, die ich aber kennen muss, um die Verschiebung dieser Kriterien nicht als fremdbestimmtes Scheitern am System oder an anderen Menschen zu empfinden. Wenn ich – um in diesem Bild zu bleiben – an meinen ursprünglichen Kriterien aus einem Leben ohne Kinder, also dem Wunsch, meine Suche durch die halbe Stadt am Ende mit einem Milchkaffee zu krönen, festgehalten hätte, wäre das Familienunglück vorprogrammiert gewesen. Die Kunst guter Entscheidungen liegt also unter anderem darin zu wissen, was ganz im Sinne der stoischen Philosophie »in meiner Macht« steht, und dementsprechend zu handeln, um den Rahmen des Möglichen auch verändern, neu streichen oder hin und wieder sogar sprengen zu können (möglichst dann, wenn keine Kinder in der Nähe sind).

Diese Methode hat sogar einen Namen, sie läuft im Deutschen unter der schlichten Bezeichnung »Umdeutung« als Übersetzung des englischen »Reframing«, ein Begriff, der aus der systemischen Familientherapie stammt. Hier geht es darum, gerade in Momenten, in denen von uns gefordert wird, einen Entschluss zu fassen, das »ganze Bild« in den Blick zu nehmen und herauszufinden, ob der Rahmen, der dieses Bild umgibt, stimmig ist, verändert werden kann oder gerade dem, was das Bild zeigt, seinen Halt, vielleicht sogar seinen Wert gibt. Auch in den schon erwähnten Forschungen des Begründers der positiven Psychologie Ed Diener und seines Sohnes Robert Biswas-Diener spielt die »Umdeutung von Misserfolgen« eine zentrale Rolle für das eigene Wohlbefinden. Dabei geht es nicht darum, das eigene Scheitern schönzureden oder permanent mit positivem Denken die Wirklichkeit zu bekämpfen, sondern darum zu erkennen, dass auch in der Abweichung von geplanten Wegen, der Absage an gesteckte Ziele oder Vorstellungen eine Möglichkeit liegt, diese Entscheidung nicht als Scheitern, sondern als neues Ziel zu betrachten. Robert Biswas-Diener berichtet über eine Wanderung in Grönland, die er abbrechen musste, um ins Lager zurückzukehren, keine leichte Entscheidung und verbunden mit dem Gefühl, den eigenen Erwartungen nicht gerecht geworden zu sein. Aber auf dem Rückweg veränderte sich dieses Gefühl der Enttäuschung: Nicht mehr der Wunsch nach Bewunderung und Lob für die gefährliche und mühselige Wanderung standen im Vordergrund, sondern die Sehnsucht, heil nach Hause zu kommen, um seine Familie wiederzusehen. Damit wurde das Ziel der Unternehmung ein anderes – und letztlich von Erfolg gekrönt. Das, was wir hier beschreiben, ist vielleicht am besten mit der Bezeichnung einer »klugen Entscheidung« zu fassen, wie es die Psychologin Maja Storch formuliert. Klugheit ist immer ein Ausdruck davon zu wissen, was in diesem konkreten Moment die beste Möglichkeit darstellt, die die Umstände zur Verfügung stellen – die ethische Bedeutung einer »guten Entscheidung« eingeschlossen.

Ein berühmtes Beispiel für eine kluge Entscheidung erzählt auch Bertolt Brechts Stück »Der kaukasische Kreidekreis«[20], das er 1944/45 im Exil schrieb. Darin fällt der Schreiber Azdak, ein lebenskluger, aber nicht sehr gebildeter Mann, der in den Kriegswirren zum Richter der Armen wird, ein salomonisches Urteil. Genau wie im biblischen Vorbild soll er nach dem Ende des Krieges ein Kind der rechtmäßigen Mutter zusprechen. Die Gouverneursgattin als leibliche Mutter des Jungen Michel, die ihr Kind schmählich im Stich gelassen hat, um sich und ihren Wohlstand in Sicherheit zu bringen, sowie die Magd Grusche, die das Kind ihrer ehemaligen Herrin gegen alle Widerstände und unter großen Opfern aufgezogen hat, beanspruchen die Mutterrolle für sich. Der Richter zieht den »kaukasischen Kreidekreis« und ordnet an, dass beide Frauen versuchen sollen, den Jungen am Arm aus diesem Kreis herauszuziehen. Die leibliche Mutter zieht Michel mit aller Kraft über die Grenze des Kreises, die Magd aber lässt den Arm des Kindes los, um ihm keine Gewalt anzutun, und überlässt es so der anderen Frau. »Ich hab´s aufgezogen! Soll ich´s zerreißen? Ich kann´s nicht.«[21] Der Richter sieht in diesem Verhalten der Magd das eigentlich »Mütterliche«, das an sich Gute und spricht Grusche den Jungen zu, weil es nicht um die gesellschaftlichen Regeln von Abstammung und Geburt zu gehen habe, sondern darum, dass Menschen und Dinge dorthin gehören, wo sie dem Guten begegnen. Er bricht das Gesetz um der Gerechtigkeit willen. Diese Entscheidung des Richters ist ein wahrhaft kluges Urteil – gefällt von einem Mann, der alles andere ist als eine ehrwürdige und anerkannte Persönlichkeit der gebildeten Klasse. Er ist ein verschmitzter, lebenspraktischer Mann, juristischer Autodidakt und dem Alkohol mehr als zugetan. Das, was aus seinen Urteilen spricht, sind weniger die Kenntnis der Gesetzbücher oder die richtige Anwendung sittlicher Regeln, sondern ein Gespür für das Menschliche, das, worauf es im Leben ankommt, auch wenn es hin und wieder im Widerspruch zu vermeintlicher Richtigkeit steht. Die Klugheit liegt also darin, diese Regeln zu kennen, sie möglicherweise zu brechen und dennoch die Konsequenzen dieses Bruches tragen zu können.

Aber was genau ist es, was diese Klugheit als Fähigkeit ausmacht, woran wird sie sichtbar, und was unterscheidet sie von anderen Fähigkeiten und Maßstäben, die wir gern für unsere Handlungen ansetzen – wie Schläue, Cleverness oder all die Kompetenz, die wir doch aufgrund unseres Wissens haben sollten?

Die Klugheit zählt seit der platonischen Philosophie zu den Kardinaltugenden, die dafür sorgen, dass der Mensch sein Handeln an der Idee des Guten auszurichten imstande ist. Der Stuttgarter Philosoph Andreas Luckner sieht in der Klugheit den Ursprung einer jeden gelungenen Lebensstrategie, sie ist für ihn die Grundlage einer Form von Selbstorientierung, die sich nicht an äußerlichen Zielen und Zwecken orientiert, sondern an der Güte der eigenen Handlungen, immer im Kontext der eigenen Möglichkeiten in einer konkreten Situation. Luckner sieht in der Klugheit die Fähigkeit zu wissen, dass wir auf dem richtigen Weg sind, »ohne zu wissen, wohin dieser führt«.[22]

Die Tugend der Klugheit zeigt sich in einer klaren Orientierung an den eigenen Werten, den Maßstäben, die wir ansetzen, auch beziehungsweise gerade dann, wenn sich der inhaltliche Kontext ändert. Auf diese Weise sieht Aristoteles die Klugheit in seiner »Nikomachischen Ethik« im Buch VI, 5 und VI, 8–13. Mit dem Begriff der *phronesis* beschreibt er ein »moralisch-praktisches Urteilsvermögen«, in Abgrenzung zu irgendeiner Form wissenschaftlichen Wissens oder einer konkreten Kompetenz des Herstellens. Die Klugheit ist eine Haltung, die unseren Handlungen zugrunde liegt, so der griechische Philosoph: »Es bleibt also nur übrig, dass sie eine handlungsleitende, wahre und auf Begründung beruhende Haltung im Bereich des für den Menschen Guten und Schlechten ist.« Für Aristoteles ist die Klugheit auf »das gute Leben im Ganzen« ausgerichtet. Und dabei zeigt sie sich nicht darin, dass wir in der Lage sind, kluge Regeln zu befolgen, also bestimmten Inhalten zu folgen, sondern darin, dass wir Situationen im konkreten Moment beurteilen können und das Vertrauen haben, dann zu wissen, was zu tun ist, denn die Klugheit »ist handelnd, und das Handelnde betrifft das Einzelne«.[23] Dieses »Konkrete« aber ist immer ethisch motiviert, und Aristoteles grenzte diese Form des gerichteten Handelns sehr deutlich von der sogenannten Gewandtheit ab, der *deinotēs*, da sich in dieser Wendigkeit zwar ebenso wie im heutigen Sprachgebrauch Scharfsinn, Schlauheit oder Cleverness fand, aber keinerlei moralische Motivation. Klug aber kann nach Aristoteles nur sein, wer zugleich tugendhaft ist, und umgekehrt gilt auch, dass es keine wahre Tugend geben könne, die nicht gleichzeitig klug sei.

Wie aber bekommen wir einen klaren Blick für das, was eine kluge Entscheidung ausmacht, was ich glaube erwarten zu können und welche Grenzen meinen Entscheidungen gesteckt sind? Woher weiß ich, wann ich mich für etwas entscheiden soll, um dann vielleicht wieder ins Basislager umzukehren? Denn ständig nehmen wir Reize, Signale und Informationen auf, die unser Verstand nicht einmal ansatzweise zu verarbeiten imstande ist, die uns das Gefühl geben, andauernd mit »richtungsweisenden« Informationen oder Hinweisen versorgt zu werden, die kein klares Bild ergeben wollen. Einiges davon ist unserem Bewusstsein zugänglich, und üblicherweise gehen wir davon aus, dass wir genau darauf zugreifen können, wenn wir Entscheidungen treffen müssen. Denn trotz aller Unsicherheit und Unvollkommenheit benötige ich doch eine Grundlage für das, was ich entscheiden kann beziehungsweise will – Fakten, Informationen, die Kenntnis meiner Vorlieben und Sehnsüchte und ein Verständnis über die Motivation meiner Entscheidung. Wenn ich all dies beisammen habe, kann ich mir ein Bild machen und eine Entscheidung treffen, von der ich hoffen darf, dass sie klug genug ist und ich sie nicht bereue. Die gewählte Möglichkeit ist nicht die einzig denkbare, aber sie scheint nach einigem Abwägen und Nachdenken doch die beste und deckt sich im besten Fall mit dem, was wir für gut und richtig halten. Das ist es doch, was wir alle wollen, oder nicht? Gut, nehmen wir einmal an, dass wir auf diesem Weg eine richtig gute Entscheidung treffen können, was ist dann mit den Folgen, die sie auslöst – welchen Zusammenhang können wir da herstellen, beziehungsweise was davon lässt sich wirklich voraussehen?

Nehmen wir ein weiteres Beispiel. Stellen Sie sich vor, Sie fahren mit dem Auto quer durch die Stadt, Ihr Lieblingslied läuft im Radio, und die Sonne scheint. Es ist ein herrlicher Tag, und Sie entscheiden sich, einen Abstecher zur Eisdiele zu machen. An der nächsten Kreuzung biegen Sie mit sommerlichem Schwung nach links ab und übersehen eine Radfahrerin, die es nicht mehr schafft zu bremsen. Sie stürzt, liegt auf dem Asphalt, Sie springen aus dem Auto, voller Angst und Ungewissheit – das eben noch tragende Gefühl von unerschütterlicher Lebendigkeit ist dahin, Ihr Lieblingslied bekommt etwas Lächerliches. Die Radfahrerin richtet sich auf, ein Glück, beschimpft Sie wüst und stellt Ihre kompletten Fahrfähigkeiten, ach was, Ihr ganzes Dasein infrage. Sie verwünschen Ihre Entscheidung, einen Abstecher zur Eisdiele gemacht zu haben. Die Radfahrerin beruhigt sich, und Sie tauschen Adressen aus, um ihr am nächsten Tag das Fahrrad vorbeizubringen. Tags darauf besorgen Sie Blumen und ertappen sich dabei, wie Sie Ihr Hemd bügeln und einen guten Eindruck machen wollen. Sie haben eine Ahnung, wie die Geschichte weitergehen könnte – ist ein Autounfall möglicherweise die Ursache dafür, dass Sie die Liebe Ihres Lebens treffen werden, was, wenn die Beziehung einige Jahre später auseinandergeht und Sie sich nie wieder davon erholen? War es dann immer noch eine gute Entscheidung, ein Eis essen zu wollen, oder hat das Ganze eigentlich am Ende nicht mehr viel miteinander zu tun? Überraschung: Jede Entscheidung – ob getroffen oder nicht – zieht Veränderungen nach sich, Veränderungen, die ihrerseits wiederum von Faktoren und Verhaltensweisen abhängig sind, die wir niemals vorausberechnen oder erahnen könnten, auch wenn wir selbstverständlich Wahrscheinlichkeiten ausmachen können. Machen wir aber die Güte unserer Entscheidungen nicht von diesen Wahrscheinlichkeiten, sondern allein von der Erwartung an bestimmte Konsequenzen abhängig, dann werden wir es schwer haben, eine Bewertung zu treffen.

Eine andere Möglichkeit, Entscheidungen zu bewerten, liegt im »Motiv«, also in den Gründen, warum ich mich so und nicht anders entschieden habe, vielleicht das Gefühl hatte, nicht anders zu können. Hier geht es um »Gewissensfragen«, um moralische Vorstellungen oder Werte, die infrage stehen: »Ich habe mich entschieden, dir die Wahrheit zu sagen, weil du mein Freund bist!«, oder: »Ich musste den Job im Ausland einfach annehmen, so eine Gelegenheit bietet sich nie wieder!« Vielleicht aber auch so: »Ich konnte nicht anders, ich musste ihr einfach helfen, also hab ich ihr das Geld gegeben.« In diesen Entscheidungen geht es nicht um die Konsequenzen, die mein Handeln nach sich zieht, sondern darum, den eigenen Wertmaßstäben zu genügen, das zu tun, was vermeintlich richtig ist, komme, was wolle. Es ist die eigene ethische Grundhaltung, die gerade unabhängig von den Folgen für das ausschlaggebend ist, was ich tue oder lasse. Mit diesen beiden Möglichkeiten habe ich neben der Klärung des Kontextes und der Bedingungen für meine Entscheidung zwei verschiedene Maßstäbe, die ich anlegen kann, um die Qualität einer Entscheidung zu überprüfen, die ich treffen will oder getroffen habe. In der Philosophie unterscheiden sich diese beiden Lager in Gesinnungsethiker und Verantwortungsethiker, eine Gegenüberstellung, die besonders Max Weber in seiner Schrift »Politik als Beruf« hervorhob. Wichtig ist also, die eigene ethische Motivation für sich klären zu können, gleichzeitig aber bereit zu sein, für die (vorhersehbaren) Folgen auch die Verantwortung zu tragen. Damit sind wir sicher in den meisten Fällen einverstanden, leichter wird die Sache dadurch aber nicht. Denn wie sieht es aus, wenn die Lage nicht so eindeutig ist, zum Beispiel nicht nur die Wahl und ihre Folgen selbst bewertet werden wollen, sondern vielleicht kluge Entscheidungen sich selbst behindern?

Was ist, wenn ich zwar ein »klares Bild« vor Augen habe und es keinen moralischen Konflikt zu klären gibt, aber viele »richtige« Entscheidungen und ich dennoch wählen muss? Ich kann nicht in der Stadt und auf dem Land leben, keine zwei Jobs machen und ganz sicher nicht mit und ohne Familie leben. Wie also entscheiden wir uns für eine bestimmte Form der Suche, beziehungsweise welchen Versuch oder Kompromiss wagen wir, auch wenn er vielleicht nicht unbedingt das ultimative Glück verspricht? Jede Entscheidung ist ein Balanceakt im Spiel der Möglichkeiten, ein Abwägen und Ausprobieren, weil es einfach nicht anders geht – weil das, was das Leben ausmacht, eine ziemlich komplexe Angelegenheit ist und bleibt, ganz egal, wie sehr wir uns anstrengen. Das Einzige, was wir wirklich ändern können, ist die Art der Betrachtung – kommen wir also nun zurück zu dem, was Komplexität für unsere Entscheidungen bedeutet.

Wer hat was von einfach gesagt? Der Umgang mit Freiheit und Komplexität

In einem Apple-Handbuch für Softwareentwickler von 1982 steht ein bemerkenswerter Hinweis. Es wird davor gewarnt, in technischen Anweisungen den Computernutzer, also den User, zu bitten, eine beliebige Taste zu drücken: Die damals noch verwendete Aufforderung »Press any key« stifte Verwirrung, der User wisse nicht genau, was zu tun sei: »Welche Taste soll ich drücken?« – »Wo ist die ›Any‹-Taste?« – »Hilfe, vielleicht habe ich etwas nicht richtig verstanden, ich könnte doch die falsche Taste drücken, lieber ruf ich den Support an.« Angeblich ging es in den 1980er-Jahren über achtzig Prozent der Computernutzer so oder ähnlich, sodass die Computerfirma Compaq diese Frage sogar in ihren FAQ-Katalog aufnahm, um zu erklären, dass es keinen »any key« gebe, der Benutzer also tatsächlich die Freiheit habe, jede beliebige Taste zu drücken. Heute lautet der Appell: »Press return key«. Statt den Nutzern ihre Freiheit und alle Möglichkeiten offenzulassen, gibt es nun eine klare Ansage: Freiheit eingeschränkt, Problem gelöst. Aber diese Reduktion von Möglichkeiten im Sinne des Nutzers funktioniert leider nur selten. In diesem Beispiel hat die Beschränkung auf den »return key« keinerlei Nachteile, es gibt kein moralisches Problem, und die Ergebnisse beziehungsweise die Konsequenzen sind dieselben, das Einzige, was reduziert worden ist, sind die Verwirrung und die Sorge, etwas falsch machen zu können. Das, was hier reduziert wird, ist die Freiheit des Benutzers, der sich nicht kompetent genug fühlt, mit seiner Freiheit umzugehen, und im schlimmsten Fall gar nichts mehr tut – die Sache als solche hatte also weniger mit dem Phänomen der Komplexität zu tun, sondern eher mit einem Übermaß an Freiheit und der Angst, ein technisches Geheimnis zu zerstören.

Worin aber liegt der Unterschied, wenn wir dieses Beispiel auf andere Entscheidungsmomente übertragen? Wann geht es allein um die Reduktion von Möglichkeiten im rein quantitativen Sinn (also die Anzahl der zu drückenden Knöpfe zu verringern, während das Ergebnis aber das gleiche bleibt), und wann gilt es, den Umgang mit dem zu lernen, was wir Komplexität nennen? Wenn wir vor einem Schrank voller roter Schuhe stehen, und es gilt, zwei Paar davon auszuwählen, dann könnten wir es mit einem hochkomplexen Problem zu tun haben, weil die Frage, wann die Schuhe welche Rolle spielen sollen, in den Entscheidungsprozess einbezogen werden kann oder nicht – wobei insbesondere das weibliche Vorstellungsvermögen wahrscheinlich in der Lage ist, sich dazu durchaus einige Situationen vorzustellen. Komplex wird diese Aufgabe dadurch, dass die Schuhe für diesen oder jenen Anlass angemessen, den Vergleich mit dieser oder jener Kollegin standhalten oder zur neuesten Errungenschaft im Kleiderschrank passen müssen. Blenden wir diesen Kontext aus, dann könnte die Entscheidung aber auch ein sehr mechanischer Akt sein, mit dem ich schnellstens erfasse, dass die erwünschten Merkmale alle zur Verfügung stehenden Schuhe betreffen und es damit eigentlich kein zu lösendes Problem gibt – Wahl getroffen, Aufgabe erfüllt.

Es ist also nicht allein die Tatsache, dass es mehr Möglichkeiten gibt, als zu verwirklichen sind, nicht jede Wahl stellt uns vor komplexe Fragen: Ich kann dieses oder jenes Stück Kuchen essen, beide schaffe ich nicht, aber komplex ist das Ganze eher nicht. Komplexität entsteht erst dann, wenn es um lebendige Sinnzusammenhänge geht, so auch der Soziologe Niklas Luhmann. Was aber ist ein lebendiger Sinnzusammenhang? Gemeint ist ein Zusammenspiel von Möglichkeiten im eigenen Erleben und Handeln, die in unterschiedlichen Formen und Wirkungsweisen für uns einen »Sinn« ergeben können – in denen es also unterschiedliche Wirkungsweisen gibt, die alle voneinander abhängen, aber nicht mit den Maßstäben von falsch oder richtig auf ein eindeutiges Endergebnis hinauslaufen.[24]

Um uns nicht zu sehr in der Komplexität menschlicher Beziehungen zu verirren, nehmen wir beispielweise ein Schachspiel. Hier gibt es sehr viele verschiedene Möglichkeiten, das Spiel zu spielen, alle Möglichkeiten sind im Sinne der Spielregeln, die dieses Spiel als »Schach« definieren, richtig, sie sind vielleicht mehr oder weniger sinnvoll, aber sie beschreiben mögliche Entscheidungen, die alle im Kontext eines klar definierten Sinnzusammenhangs richtig sind. Fange ich aber an, die Figuren völlig willkürlich über die Felder zu bewegen, die Dame meines Gegenübers vom Spielfeld zu fegen oder das Brett durchs Zimmer zu werfen, dann tue ich alle möglichen Dinge, ich zerstöre aber den Sinnzusammenhang, der gegeben sein muss, damit wir weiterhin von einem Schachspiel sprechen können. Die Möglichkeiten, die ich habe, um im Spiel zu bleiben, sind demnach vielfältig und zahlreich, aber nicht unbegrenzt.

Komplexität beschreibt auf diese Weise verstanden das sinnvolle Zusammenspiel verschiedener Strukturen, die durch Interaktionen Verbindungen knüpfen und so einen sinnvollen Zusammenhang bilden: Wir knüpfen lebendige Beziehungen. Je mehr Fäden unser Beziehungsnetz hat, beziehungsweise der Sinnzusammenhang, in den ich eingebunden bin, desto komplexer ist das soziale Gebilde, das daraus entsteht. Der Psychologieprofessor Dietrich Dörner hat in seinem Buch »Die Logik des Misslingens« Komplexität als »die Existenz von vielen, voneinander abhängigen Merkmalen in einem Ausschnitt der Realität« bezeichnet.[25] Komplexität erhöht sich demnach in Abhängigkeit der Anzahl der Merkmale sowie ihrer Verbindungen untereinander, die zu dem jeweiligen Realitätsausschnitt gehören. Wir erleben also in diesen Ausschnitten, dass vielleicht nicht alles mit allem, aber doch vieles mit vielem zu tun hat, so Dörner. Diese Erhöhung oder Verringerung von Merkmalen, die zu einem solchen Zusammenhang gehören, sind veränderbar, aber wie wir beim Schachspiel gesehen haben, zeichnen sich komplexe Zusammenhänge eben auch dadurch aus, dass wir sie nicht beliebig vereinfachen können. Zu starke Vereinfachung – oder auch Trivialisierung – reduziert keine Komplexität, sondern zerstört sie. Vereinfachen wir ein Schachspiel, weil wir die Regeln zu kompliziert finden, dann machen wir uns das Leben nicht einfacher, sondern zerstören die Idee des Schachspiels. Anders als beim »Any key«-Problem lässt sich hier durch zu starke Reduktion kein Mehrwert erzielen.

Aber gerade, wenn wir diese Zerstörung vermeiden wollen, wird der Umgang mit Komplexität eine ziemlich anspruchsvolle Angelegenheit – wir müssen zwischen Dingen unterscheiden lernen, die ihr eigentlich eingängiges Wesen unter komplizierten Schichten von bürokratischen Regelgebilden verborgen haben (Steuerformulare, Packlisten für Klassenfahrten oder auch Anleitungen für technisches Gerät jeder nur denkbaren Art), und Dingen, die komplex sind und bleiben werden, egal wie sehr wir auf das einfache Leben dringen: Menschliche Beziehungen und Ordnungen gehören dazu, die Jagd nach dem Glück, die eigene Karriere – oder auch Schachspiele.

Vor einigen Wochen war ich eher zufällig und plötzlich Teil eines solchen komplexen Gebildes, und vielleicht macht dieses Erlebnis das Ganze etwas anschaulicher. Ich wollte vormittags nur kurz an der Schule meiner Kinder einen Antrag abgeben und landete mitten in der großen Pause auf dem Schulhof eines Gymnasiums mit weit über tausend Schülern. Auch wenn ein Großteil der älteren Jahrgänge sich schon längst nicht mehr auf dem Schulhof aufhält, reichten die mittlerweile siebenzügigen Jahrgänge der Unter- und Mittelstufe durchaus, um diesen Schulhof in ein komplexes Zusammenspiel von allen möglichen Sinnzusammenhängen (mehr oder weniger als solche erkennbar) zu verwandeln. Es wurde gerannt, gesprungen, geschrien, überall waren offensichtliche Verbindungen geknüpft, und gekrönt wurde das Ganze durch ungefähr dreiundzwanzig Bälle, um die unterschiedlichste spielerische Aktivitäten herum stattfanden. Ohne ein mir ersichtliches Spielfeld oder irgendwelche erkennbaren Regeln waren diese Aktivitäten für die Teilnehmer offenbar irgendwie nachvollziehbar. Zwischen all diesen sehr beweglichen Formen des Miteinanders bewegten sich außerdem die auch mir aus meiner Schulzeit noch bekannten Zweier- und Dreiergrüppchen von Mädchen, die untergehakt, quietschend und kichernd ihre Runden über den Schulhof drehten, um ebensolche männliche Grüppchen mit Nichtachtung zu strafen oder sehr wachsam im Auge zu behalten. Ohne Probleme fanden all diese Systeme ihren Weg durch das Gewirr, in ihrem eigenen Tempo, ohne irgendwie in Konflikt mit der Welt um sich herum zu geraten. Mir als eher ungeübtem Fremdkörper in diesem Sinnzusammenhang gelang der Weg zum Eingang des Hauptgebäudes weniger problemlos. Ständig hatte ich Sorge, irgendwen anzurempeln oder von einem Ball getroffen zu werden. Es fehlte die Übung beziehungsweise der gewohnte Zugang zu solch lebendigen und untereinander vernetzten Ordnungen. Nehmen wir diesen Schulhof als eine Art symbolisches Abbild für das, was wir tagtäglich durch Regeln, Normen und Kompetenzen zu bändigen versuchen, dann lässt sich zumindest erahnen, wie mühsam dieses Unterfangen in komplexen Zusammenhängen ausfällt – auch wenn wir beständig dabei sind, uns das Gegenteil einzureden. Das, was wir vorfinden, ist immer schon wieder anders als das, was wir zu regeln versuchen. Und diese Erfahrung machen wir jeden Tag in kleinen alltäglichen Momenten genauso wie auf der politischen Weltbühne, wenn es darum geht, mit unberechenbaren Charakteren Absprachen zu treffen, Prognosen abzugeben, Hilfsgüter in Kriegsgebiete zu transportieren oder mit unterschiedlichen kulturellen Wertesystemen umzugehen.

Das verurteilt uns nicht zur Tatenlosigkeit oder zur zynischen Resignation, aber es verändert den Blick auf das, worauf wir einen Einfluss haben. Welche Konsequenzen sich im

Guten wie im Schlechten unserer Entscheidung anschließen, können wir nur begrenzt »verantworten«, und ebendas ist viel zu selten Teil unserer Entscheidungsstrategien. Unser Wissen über den Zusammenhang, den wir vor Augen haben, kann demnach niemals abgeschlossen sein: Wir können ihn nicht »feststellen«, er ist beständig im Werden. Niklas Luhmann folgert daraus, dass wir uns in einem seltsamen »Zwischenraum« aufhalten, denn ähnlich wie bei einem Schachspiel ist die Welt um uns herum zwar durch die Bedingungen um uns herum begrenzt, aber das, was diese Bedingungen ermöglichen, geht weit über das hinaus, was wir voraussehen können: Die Welt ist letztlich »offen« strukturiert.[26] Sie ist aber kein Haufen beziehungsloser Dinge, die völlig willkürlich irgendwie nebeneinanderher existieren, sondern sie bilden Zusammenhänge, die wir als sinnvoll oder weniger sinnvoll erleben. Daraus ergeben sich Möglichkeiten, die sich zwar nicht eindeutig voraussagen lassen, die aber mehr oder weniger wahrscheinlich sind und uns Anhaltspunkte dafür geben, wie sich die Dinge entwickeln. Nichts anderes meint der Begriff der Kontingenz, der es der Wirklichkeit zugesteht, sich hin und wieder auch mithilfe des Zufalls anders zu benehmen, als wir es uns vorgestellt hatten, dabei aber dennoch einen Rahmen des Möglichen beibehält. Eine objektiv beziehungsweise absolut richtige oder falsche Entscheidung gibt es auf der Grundlage dieser Annahmen nicht, und zu allem Unglück ist der Ausgang der Konsequenzen, die wir erwarten können, offen – aber es ist dabei dennoch nicht alles oder nichts möglich. Das, woran wir uns orientieren können, ist die mögliche Sinnhaftigkeit von Zusammenhängen – die Tatsache, dass es so etwas wie »normale« Entwicklungen gibt, aber darin liegt der Umgang mit Wahrscheinlichkeiten und nicht einer Objektivität, auf die wir auch noch einen Anspruch geltend machen könnten. Wie aber können wir in dieser kontingenten Unübersichtlichkeit von Möglichkeiten und offenen Fragen zu einer Entscheidung kommen, die wir für gut halten – und mit welchem Recht?

Hier kommt uns etwas zugute, was wir vielleicht im ersten Moment als wenig hilfreich ansehen, um uns unser Entscheidungsverhalten irgendwie näherzubringen: unsere Fähigkeit, die Welt um uns herum mit Bedeutung zu versehen, sie zu interpretieren und daraus »Narrationen« zu entwickeln, die ganze Weltanschauungen und Wertegerüste zusammenhalten, das, was in dem sichtbar wird, was wir unter Kultur verstehen. Dazu gehören Ausdrucksformen von Schrift, über Musik, das Gespräch und die Wissenschaft, ebenso wie moralische Setzungen, Begrüßungsformeln, Tischmanieren oder Dating-Plattformen. Wir halten es für gut, hilfsbereit zu sein? Warum eigentlich genau? Wir verurteilen Untreue? Wieso ist das so? Welche Orientierung gibt uns die (natürliche ebenso wie die kulturelle) Welt, in die wir hineingeboren werden, und wie bewusst machen wir uns das eigentlich? Der Finanzmathematiker und philosophische Denker Nassim Nicholas Taleb geht seit vielen Jahren der Frage nach, wie wir Kriterien und Informationen (gerade in Entscheidungssituationen) auswählen und bewerten – ein Vorgang, der auf dem unberechenbaren Aktienparkett in kürzester Zeit weitreichende Konsequenzen nach sich ziehen kann. Nach Taleb entwickeln wir aus dem, was wir an Informationen und Erkenntnissen in Erfahrung bringen können, eine eigene Geschichte. Wir interpretieren vermeintliche Fakten, um daraus ein schlüssiges Gebilde zu entwickeln, an das wir glauben wollen. Das bedeutet nicht, dass wir willenlos irgendwelche Märchen erfinden, um uns die Welt schönzureden, sondern es bedeutet, dass wir nach bestem Wissen und Gewissen nach Deutungen und Wahrscheinlichkeiten suchen, die sich für uns schlüssig anhören (die also mit Niklas Luhmann einen Sinnzusammenhang ergeben). Es entstehen also Narrationen, wie zum Beispiel, dass Jungs die besseren Techniker sind oder dass Frauen, die arbeiten, trotzdem gute Mütter sein können, dass es wichtig ist, jeden Tag einen Apfel zu essen, oder dass wir uns erkälten, wenn wir nasse Füße bekommen. Manche dieser Geschichten basieren auf dem neuesten Stand der Forschung, andere auf Erfahrung oder Traditionen, sie bilden Erfahrungswissen ab, schüren Vorurteile oder schnurren auf billige Klischees zusammen. In jedem Fall sind sie in der komplexen Welt so etwas wie mehr oder weniger fundamentale »Orientierungshilfen«. So weit, so gut. Nun ist aber die Frage, was wir von diesen Geschichten halten, und laut Taleb machen wir aus unseren »Orientierungshilfen« allzu leichtfertig handfeste Wahrheiten: »Unsere hyperaktiven Gehirne werden einem Phänomen lieber eine falsche, vereinfachende Narrationsstruktur überstülpen, als ganz auf Narrationen zu verzichten.«[27] Das klingt nun also doch so, als würden wir uns von morgens bis abends in die eigene Tasche lügen, nur um uns in unserem eigenen Gedankenbau ein wenig Sicherheit zu verschaffen und unseren Freunden erzählen zu können, dass wir genau wissen, wie der Hase läuft. An diesem Punkt also fängt es an, problematisch zu werden. Der Verstand, so Taleb, kann ein »hervorragendes Werkzeug zur Selbsttäuschung sein«, schlicht weil er nicht dafür geschaffen ist, »mit Komplexität und nichtlinearen Ungewissheiten umzugehen«. Die Betonung aber liegt hier auf »kann«, denn selbst wenn es so ist, dass der Verstand uns keine glasklaren Wahrheiten liefern kann, so heißt es noch lange nicht, dass er ein Lügner und Betrüger sein muss: Er tut im besten Fall halt das, was er kann, und wir (als Wesen, die die Welt nicht nur über den Verstand wahrnehmen) sind aufgefordert, seine Arbeit zu beurteilen und wiederum mit seiner Hilfe neue Schlüsse zu ziehen. Dieses Paradox, dass wir uns mithilfe unserer eigenen geistigen Fähigkeiten selbst zum Thema machen müssen, ist nicht zwingend ein Übel – wir müssen uns nur klarmachen, dass darin die eine oder andere Begrenzung zu erwarten ist. Was also, wenn wir tatsächlich nicht in der Lage sind, komplexen Zusammenhängen mithilfe unseres üblichen Denkens auf die Spur zu kommen?

Hier helfen uns ein paar Gedanken aus der Wissenschaft, die sich bereits seit den 1940er-Jahren mit genau diesen Fragen beschäftigt: der Kybernetik. Das Wort Kybernetik ist abgeleitet von *kybernetes*, dem griechischen Wort für Steuermann, und beschreibt das Ziel der kybernetischen Forschung, die Steuerung und Regelung beziehungsweise die zielgerichtete Beeinflussung von Systemen zu untersuchen und zu verbessern. Dieser komplizierte Ansatz einer Definition ist mittlerweile für verschiedenste Bereiche und Anwendungen komplexer Vorgänge modifiziert worden. Von der Anthropologie bis hin zur Management-Beratung wird der Begriff der Kybernetik genutzt und für den jeweiligen Kontext angepasst. Immer aber geht es um die Erkennung und Auswertung von Formen, Mustern und Strukturen, die sich in wiederkehrenden Prozessen ausmachen lassen, um sie für andere Bereiche zu nutzen. Ein Beispiel ist der Bereich der Bionik, in der sich Forscher mit der Analyse und

Beobachtung der belebten Natur auseinandersetzen, um deren Prinzipien für technische Innovation zu nutzen. Die Bionik bezeichnet sowohl das Ideal, aber auch gleichzeitig die Möglichkeit, systematisch von der Natur zu lernen, um dieses Wissen für technische Entwicklung zu nutzen, wie zum Beispiel die Beobachtungen des Vogelflugs für die Luftfahrt oder die Anatomie eines Kofferfischs für die Konstruktion neuer Automodelle mit verbessertem cW-Wert. Darin liegen wertvolle Möglichkeiten, um komplexe Zusammenhänge verstehen zu lernen und sie für andere Kontexte nutzbar zu machen. Aber auch hier ist es wichtig, die Grenzen mitzudenken. Denn zu leicht entsteht der Glaube, die daraus resultierenden Erkenntnisse ließen sich nicht nur auf technische Produkte, sondern auch auf soziale Modelle anwenden. Setzen wir aber tatsächlich beide Phänomene gleich, verschließen wir den Blick vor den qualitativen Unterschieden mechanischer und sozialer Zusammenhänge – ähnlich wie wir im ersten Kapitel gesehen haben, dass wir auf der Suche nach der Liebe unseres Lebens nicht die gleichen Suchkriterien ansetzen können wie beim Versuch, den verlorenen Haustürschlüssel wiederzufinden. Im Umgang mit Komplexität gilt es also zunächst zu differenzieren, womit ich es eigentlich zu tun habe, welche Grenzen meinen Möglichkeiten gesetzt sind, bevor ich mich an die eigene Entscheidung heranwagen kann.

Denken wir noch einmal zurück an die Situation im Kaufhaus, ein komplexes Gebilde aus verschiedensten Formen der Komplexität, und anders als auf dem Schulhof bin ich beständig aufgerufen, Entscheidungen zu treffen. Hier gilt es, sich klarzumachen, welchen Kriterien mein Verhalten gehorchen und welches realistische Ziel am Ende all dieser Dinge stehen soll. Lege ich mich darauf fest, am Ende eine glückliche, milchkaffeetrinkende Mutter zu sein, kann das Unternehmen wie bereits angedeutet nur scheitern – die Bedingungen geben dieses Szenario einfach nicht her, dennoch gibt es Möglichkeiten, aus einem solchen Aufgabenknäuel erfolgreich wieder aufzutauchen. Kehren wir dazu also noch einmal in das Kaufhaus zurück und spielen verschiedene Vorgehensweisen durch.

Der 2015 verstorbene Bremer Organisationspsychologe und Zukunftsforscher Peter Kruse[28] hat in der Beobachtung von Methoden, wie wir heute versuchen, in Entscheidungssituationen zu agieren, fünf Vorgehensweisen ausgemacht, mit denen wir auf komplexe Fragestellungen reagieren: Im ersten Schritt versuchen wir, die verschiedenen Möglichkeiten durch Ausprobieren in den Blick zu nehmen. Das ist eine naheliegende Vorgehensweise, entspricht aber oftmals dem kindlichen Lernprinzip von »Trial & Error« und führt in den meisten Fällen nicht zum Ziel. In unserem Beispiel: Ich lasse mich etwas willenlos durch die Abteilungen des Kaufhauses treiben und hoffe, irgendwie auf das Richtige zu stoßen, ich probiere dies und jenes und agiere nur nach dem Prinzip Hoffnung – eine Idee, aber schon aus Zeitgründen in diesem Fall nicht besonders erfolgversprechend. Als weiteres (sehr beliebtes) Prinzip nennt Kruse das Verdrängen oder Ausblenden der notwendigen Maßnahmen und das Verbleiben im alten Muster. Auch daran haben wir schon gedacht: Ich möchte unbedingt auch mit drei Kindern an der Hand durch fünf verschiedene ausgesuchte Läden schlendern, danach eine Pause einlegen, um mir in Ruhe zu überlegen, ob das Richtige dabei war. Funktioniert ebenfalls nur sehr bedingt, die Erledigung der gestellten Aufgaben ist eher unwahrscheinlich. Weiter führt der dritte Punkt, der das Problem durch das Sammeln von Informationen und Fakten in den Griff bekommen will. Detailwissen und rationales Verstehen bilden hier die Grundlage – dieser Ansatz ist vielversprechender als die ersten beiden Punkte, allerdings verändert sich die Faktenlage meist zu schnell, beziehungsweise die Detailkomplexität ist so hoch, dass wir gar nicht in der Lage sind, alle Details zu sammeln geschweige denn zu verstehen: Ich versuche mit geschultem Blick die Tafel mit den einzelnen Abteilungen des Kaufhauses in den Blick zu nehmen, in Windeseile das Stockwerk auszumachen, das sowohl mit dem Fahrstuhl zu erreichen als auch die meisten gesuchten Gegenstände in sich zu vereinen sucht, und stehe dann sehr stolz an der Kasse, um das Geschenk für meine Nachbarin zu bezahlen, da meldet sich das Toilettenproblem. Raus aus der Schlange, wieder zurück in den ersten Stock natürlich mit der Rolltreppe, weil es schneller geht, und der ganze schöne Plan funktioniert nicht mehr. Gerade in einem solchen Moment greift dann gern der nächste Punkt, nämlich das Vereinfachen des Zusammenhangs und die Konzentration auf wenige Fakten: Nachdem die Suche nach der Toilette erfolgreich zu einem weiteren Ergebnis geführt hat, habe ich keine Kraft mehr, um mich zurück in den dritten Stock zu kämpfen, und entscheide mich für ein Wellness-Set für meine Nachbarin, das direkt im Erdgeschoss von einer sehr gepflegt und ungestresst wirkenden Verkäuferin als Geschenk verpackt wird. Dieses Vorgehen führt zwar zu einem Ergebnis, es ist aber eher eine Trivialisierung der ursprünglichen Entscheidungssituation, die nur selten im Sinne der Ausgangslage ist, und Kruse weist darauf hin, dass ein solcher Vorgang Komplexität nicht reduziert, sondern verdrängt oder zerstört – auch wenn die Entscheidung am Ende leichter zu sein scheint. Dennoch, es ist eine Option. Am Ende aber steht der fünfte Punkt: Das emotionale Bewerten oder intuitive Agieren, ganz im Sinne einer Kombination aus Erfahrungswissen und der Fähigkeit zur Abstraktion. Allein diese fünfte Strategie ist im Hinblick auf die Reduktion von Komplexität Erfolg versprechend, wird aber in den seltensten Fällen ernsthaft angewendet. Hier sind wir also in der Königsklasse im Umgang mit Komplexität und Entscheidungsfindung angekommen: Aufgrund langjähriger Erfahrung (und hierin liegt eindeutig der Haken) bin ich im Idealfall in der Lage, sowohl mich als auch meine drei Kinder durch das Kaufhaus zu navigieren, um währenddessen intuitiv die Vorlieben meiner Nachbarin mit den angebotenen Waren in Beziehung zu setzen, danach dann den Kompromiss in Sachen Winterschuhe zu wagen und mir selbst durch Reframing klarzumachen, dass die blaue Cordhose am Ende eigentlich sogar die bessere Entscheidung war, auch wenn ich eigentlich nach Jeans gesucht hatte. Da in der Abteilung mit den Kinderklamotten meistens auch eine Toilette zu finden ist, bin ich schlau genug, mich erst um das Geschenk zu kümmern, sodass der Klogang am Ende kein wirkliches Problem mehr darstellen muss. Das klingt amüsant, ist es aber nicht.

Denn dieses Verhalten aus dem Kaufhaus auf existenzielle Fragen des täglichen Lebens zu übersetzen, ist alles andere als leicht – es bedarf der beständigen Übung, um die eigene »intuitive« Reaktion immer auch auf die gegenwärtige Umwelt zu beziehen und nicht alte Muster auf neue Zusammenhänge anwenden zu wollen. Diese Einsicht klingt nach einer schweren Aufgabe, die vor uns liegt, wenn wir denn im Umgang mit Komplexität alles richtig machen wollen, aber sofern wir uns von genau diesem Ziel des ewig Richtigen trennen, werden wir feststellen, dass wir keine Alternative dazu haben, es zu versuchen. Wir sind von morgens bis abends in komplexen Zusammenhängen unterwegs – und es macht wenig Sinn, dem entkommen zu wollen, es sei denn, wir hören auf, irgendetwas zu tun.

Die verschiedenen Punkte, die Peter Kruse im Umgang mit komplexen Situationen skizziert hat, sind also nicht als ein Regelwerk zu verstehen, das wir abarbeiten könnten, sondern eher als eine Möglichkeit, das eigene Verhalten zu reflektieren: Was tue ich, wenn? Wie mache ich mir ein Bild? Welche Bedingungen brauche ich, um mich entscheiden zu können, und warum?

Wie wir aber gesehen haben, bewähren sich dabei manche Vorgehensweisen besser als andere, und die Kunst liegt darin zu wissen, was wann an der Zeit ist. Dabei können wir auf so manche Information oder Erkenntnis verzichten, das, was uns aber offenbar nicht abhandenkommen darf, ist ein guter Draht zu dem, was wir einen »intuitiven Zugang« zu unserer Umwelt genannt haben. Was aber hat es mit diesem Zauberwort der Intuition auf sich, und wie kann sie uns helfen, von einer guten Geschichte zu einer guten Entscheidung zu kommen?

Bauch und Kopf sind keine Gegner: Warum unsere Intuition so wertvoll ist

Die menschliche Intuition wird derzeit vielfach als die Lösung für viele Entscheidungssituationen hervorgehoben – wenn wir nur richtig hinspüren oder unserem Gefühl folgen, dann wissen wir genau, was wir tun oder lassen müssen. Unsere Intuition scheint so etwas zu sein wie ein innerer Kompass, den wir nicht recht zu bedienen wissen, der aber irgendwie verlässlicher ist als all die Anstrengungen, die wir mithilfe von Faktensammlungen, Informationen, Gesprächen oder logischen Argumenten unternehmen, um am Ende eine gute Entscheidung treffen zu können. Aber ganz so einfach ist es dann doch nicht. Das eine hat nämlich offenbar mit dem anderen zu tun. All das, was wir an Wissen ansammeln, an Erfahrungen machen und sinnlich erleben, ergibt so etwas wie eine innere Landkarte; tiefgreifende Eindrücke hinterlassen sogenannte somatische Marker, wie es der Neurowissenschaftler und Philosoph Antonio Damasio schon Ende der 1990er-Jahre herausarbeitete. Diese Marker sind so etwas wie »konzentrierte Erfahrung«, die die Art und Weise beeinflusst, wie wir denken, was wir für gut und richtig halten und welche Überzeugungen wir vertreten, sie steht aber nicht immer unserem Bewusstsein zur Verfügung, sondern drückt sich in Gefühlen beziehungsweise Emotionen und körperlichen Signalen aus: Bauchkribbeln, Frösteln, Ohrensausen, Atemnot, freudige Aufregung, die Palette ist weit. Vielfach fassen wir diese körperlichen Signale in Entscheidungsmomenten auch unter der Überschrift »Bauchgefühl« zusammen – aber sie sind eben deutlich mehr als eine Laune unserer sinnlichen Eingebungen. Der Psychologe Gerd Gigerenzer, der seit 2009 am Max-Planck-Institut für Bildungsforschung in Berlin als Direktor der Abteilung »Adaptives Verhalten und Kognition« forscht und ebenfalls das 2009 gegründete Harding-Zentrum für Risikokompetenz leitet, kämpft schon lange für ein eigenes Verständnis der »Bauchentscheidungen«. Gigerenzer nennt drei wichtige Kriterien, um das, was wir erleben, als Signal unserer Intuition ausmachen zu können. Er geht davon aus, dass unsere Intuition sehr schnell ein Urteil oder auch ein Gefühl hervorbringt, dessen Ursache wir zwar nicht kennen, das uns aber als sichere Handlungsleitlinie dient.[29] Diese drei Merkmale – die Schnelligkeit, das Unwissen um den Ursprung und die Tatsache, dass wir unser Handeln an dieser intuitiven Gewissheit ausrichten – zeigen weniger, was Intuition ist, sondern eher, wie sie wirkt. Und diese Einsicht ist höchst eigenwillig: Wir kennen die Ursachen unserer intuitiven Handlungsweisungen nicht, empfinden aber dennoch eine Form der Gewissheit – die wir zugegeben gern im Nachhinein in eine Geschichte verpacken. Ob darin dann die tatsächlichen Beweggründe vorkommen, bleibt offen.

Zentral also ist im Umgang mit unserer Intuition, dass die ihr innewohnende Offenheit oder kausale Unwissenheit ganz entgegen unseren sonstigen Maßstäben offenbar keinen Einfluss auf die Bedeutung intuitiver Gewissheit für uns hat. Und oft genug gibt sie uns recht – wir empfinden unsere Handlungen als richtig und würden sie wieder so treffen. Dabei reicht es aber eben gerade nicht, sich völlig kopflos auf irgendwelche Gefühlseingebungen zu verlassen und zu glauben, allein darin liege der wahre Weg zur besten Entscheidung. Denn das, was vielfach bei dem Loblied auf die Intuition vergessen wird, ist, dass sie nur dann eine verlässliche Ratgeberin sein kann, wenn sie auf ein gut gefülltes Set an Erfahrungen und eine anständige Lernkurve im Umgang mit unseren somatischen Markern zurückgreifen kann. Erst dann entstehen sogenannte Heuristiken, also Faustregeln für unser Handeln, auf die wir intuitiv zurückgreifen, ohne sie wirklich immer benennen zu können. Diesen Zusammenhang macht auch Gigerenzer deutlich. Der Feuerwehrmann, der intuitiv noch einmal in das brennende Haus zurückrennt, weil sein Bauch ihm sagt, es seien noch nicht alle Personen in Sicherheit, tut dies selten bei seinem ersten Einsatz, sondern oft nach vielen Berufsjahren, in denen er Erfahrungen gesammelt hat, die ihm irgendwann dieses sichere Gefühl einer »gespürten Evidenz« bescheren, ohne dass er es erklären kann. So weit also stimmt der Gedanke intuitiver Gewissheit, aber um in der Intuition einen Wegweiser zu finden, muss man sich schon eine Weile durch das Dickicht geschlagen haben und den Dialog mit dem eigenen Verstand nicht abreißen lassen. Es geht weniger darum, den Kopf auszuschalten, um den Bauch hören zu können, sondern darum, mit beiden in gutem Kontakt zu stehen und sie beständig mit Material zu versorgen.

Der französische Denker Henri Bergson hat in seinem Werk »Schöpferische Entwicklung« (1907) lange vor den maßgeblichen Erkenntnissen der Neurowissenschaften eine Philosophie des »Lebens« entwickelt, in der er das Zusammenspiel von Intellekt und Intuition um den menschlichen Instinkt erweitert. Der Instinkt ist nach Bergson die Instanz, die das Material unserer Erfahrungen, unserer Erlebnisse und der Art und Weise, wie wir diese wahrnehmen, bestimmt. Er ist nicht an Zwecke oder Erkenntnisse gebunden, sondern beschreibt die unmittelbarste Form der Wahrnehmung, die wir als Menschen haben. Dem Instinkt ist eigen, dass wir ihm folgen, ohne darüber nachzudenken beziehungsweise ohne logisch nachvollziehbare Gründe dafür angeben zu können. So eröffnet der Instinkt Zugänge zu Handlungsoptionen, die dem Verstand verschlossen bleiben. Bergson vertritt die These, dass unser Instinkt Zugang zu den Bereichen hat, die der Intellekt benötigt, um die Fragen formulieren zu können, die der Instinkt schlicht nicht stellt. So schreibt er: »Es gibt Dinge, die einzig der Intellekt zu suchen vermag, die er jedoch aus sich selbst heraus niemals finden wird. Diese Dinge finden könnte nur der Instinkt: Er aber wird sie niemals suchen.«[30]

Entsprechend stünden sich diese beiden menschlichen Qualitäten – Instinkt und Intellekt – wie Gegner beziehungsweise wie Gesprächspartner ohne gemeinsame Sprache gegenüber, wäre da nicht die Möglichkeit eines intuitiven Zugangs zu den Erfahrungen (nicht aber der Funktionsweise) des Instinkts. Nach Bergson ist es die Aufgabe der Intuition, den Prozess des Werdens verständlich zu machen, dem sich der Instinkt vorbehaltlos öffnet, der aber als solcher thematisiert werden muss, um dem Menschen für spätere Handlungen zu nützen. Nur so gelinge ein Verstehen von Entwicklung und Veränderung, die auch die Leistungen des Intellekts selbst als Teil des Lebensprozesses beschreibt: Überzeugungen, die wir für felsenfest sicher halten, ändern sich aufgrund neuer Maßstäbe oder Umstände. Bergson beschreibt die Intuition also als die vermittelnde Instanz, die Instinkt und Intellekt ins Gespräch bringen kann.

Um diese Gedanken ein wenig leichter nachzeichnen zu können, kommen wir noch einmal zurück zu dem Feuerwehrmann. In einer Notsituation würde der Instinkt ihm sagen: »Renn los, tu, was du kannst, rette, was zu retten ist!« Der Intellekt würde stehen bleiben und versuchen, die Situation auszuloten: »Wie viel Wasser ist noch im Löschfahrzeug, wie weit reicht der Schlauch, habe ich genug Leute im Einsatz, und was genau können wir mit welchen Mitteln erreichen?« Beide Möglichkeiten sind in einem Moment, in dem nicht kopflos gehandelt werden, aber auch nicht zu lange gewartet werden darf, denkbar ungünstige Alternativen. Handelt es sich in dieser Situation jedoch um einen erfahrenen Berufsfeuerwehrmann, wird der Instinkt keine Chance haben, weil es eine intuitive Kraft gibt, die das kopflose Losrennen unterbindet, gleichzeitig aber den Intellekt leise werden lässt, da sich viele Fragen einfach nicht mehr stellen. Dinge, die wir wahrhaft können oder kennen, brauchen nicht täglich neu geprüft zu werden – wir tun sie intuitiv richtig.

Eine andere Situation, die die meisten von uns im Gegensatz zu brennenden Häusern kennen werden, ist das Autofahren, jeder von uns erinnert sich sicher an die ersten Versuche, auf der Bundesstraße den Glauben daran aufrechtzuerhalten, dass zwei Autos gleichzeitig auf dieser Straße Platz haben können und es kein Thema ist, dass uns da gerade ein Lieferwagen entgegenkommt. Ein intellektueller Kraftakt im Ringen mit dem instinktiven Bedürfnis, in den nächstbesten Graben auszuweichen. Lebendige Erinnerungen an die ersten Fahrstunden, mit leicht verkrampftem Griff am Lenkrad, nicht so recht wissend, wer hier über wen die Kontrolle hat, angsterfüllt, wenn die Ampel am Berg tatsächlich auf Rot springt oder die Parklücke nicht ganz so üppig ausfällt, während gerade fünf Autos hinter uns warten. Warum verschwinden diese Gefühle mit wachsender Fahrpraxis? Das, was sich verändert, ist nicht allein das Wissen um die Ausmaße unseres Autos, die Fähigkeit, Parklücken zu berechnen, oder das Spiel zwischen Gas und Kupplung besser zu beherrschen, sondern das, was wir an komplexen Zusammenhängen intuitiv wahrnehmen und ins Handeln übersetzen können. Wir könnten es nicht erklären, aber nach fünf Jahren in Hamburg haben wir ein Gefühl für das Tempo der Stadt oder sogar dafür, ob der Typ rechts neben mir nicht doch noch im letzten Moment die Spur wechseln wird. Darin liegt keine Garantie für lebenslange Unfallfreiheit oder mögliche Fehlentscheidungen, aber ohne jahrelange Praxis beziehungsweise den Umgang mit der Komplexität, in der ich mich befinde, kann ich sehr lange auf die Stimme der Intuition warten. Sie wird einfach nicht wissen, was sie sagen soll. Die Intuition ist also gleichsam die menschliche Begabung, die Wirkungsweise innerhalb eines komplexen Zusammenhangs zu »erschauen«, die wir zu Beginn nur instinktiv erfahren, um sie uns dann intellektuell zugänglich zu machen und am Ende intuitiv wissen zu können, was los ist – zumindest teilweise.

Nehmen wir diesen Dreiklang ernst, verändert sich unser üblicher Zugang zu dem, was wir glauben, tun oder wissen zu müssen, um gute Entscheidungen treffen zu können. Gewohnt sind wir gerade in Momenten, in denen es Entscheidungen zu treffen gilt, dass wir zwar irgendwelche instinktiven Reflexe wahrnehmen, uns aber eigentlich auf die Arbeit unseres Verstandes verlassen sollen – doch dieser liefert wiederum nur einen Teil der notwendigen Voraussetzungen und ist darauf angewiesen, dass wir uns darin üben, auf unsere Intuition zu hören. Sofern wir uns also bewusst und mithilfe unseres Verstandes auf diese »Zusammenarbeit« von Instinkt,

Intuition und Ratio einlassen, entsteht ein anderes Verhältnis zur Welt, das sich eher in der Bewegung, im Prozess – also letztlich in der Suche – wiederfindet und nicht darauf angewiesen ist, in letzten Antworten einen Beweis für die Richtigkeit des eigenen Handelns zu erlangen.

Was aber, so lautet die berechtigte Frage, die Sie nun wahrscheinlich stellen würden, nützt uns eine solche Perspektive, wenn sie so wenig kalkulierbaren Mehrwert bereitstellt? Welche Richtung sollen oder wollen wir einschlagen, wenn wir alles Mögliche suchen, aber nichts finden können?

Wieder liegt die Antwort darin, nicht das Gegenteil des Kritisierten automatisch für das Anzustrebende zu halten: Denn selbst wenn wir einsehen, dass es um den Umgang mit Veränderung, Wandel und Prozessen geht, bleibt das Erreichen von Etappenzielen ein notwendiger Teil des eigenen Weges – nur verändert sich die Sicht auf die Bedeutung, die sie für uns haben. Das macht sie aber nicht weniger wichtig und schon gar nicht weniger wert. Nicht das endgültige Abhaken eines Problems, das Finden einer Antwort oder das Ende einer Suche kennzeichnen den Erfolg, sondern die Formulierung einer Antwort für die jeweilige Situation, die morgen allerdings eine andere sein könnte. Das, was sich aus dieser Einsicht ergibt, ist schlicht ein anderer Umgang mit der eigenen Unwissenheit, die auch bei größter Anstrengung des eigenen Intellekts nicht überwunden werden kann. Nur wenn wir in der Lage sind, mit Problemen, Fragen, Unklarheiten umzugehen, auch oder gerade wenn sie *nicht* gelöst oder beantwortet werden können, haben wir gelernt, eine andere Perspektive einzunehmen, die Vorläufigkeit nicht als Defizit verurteilt. Dies hat auch Georg Simmel, einer der ersten deutschen Soziologen und ein großer Bewunderer Bergsons, auf den Punkt gebracht, wenn er in seiner »Rembrandtstudie« betont: Es gibt kein »eigentliches Verständnis« des Lebens, solange man nach »bleibenden Klarheiten« sucht, sondern es wird »für den beschauenden Blick nur hell«, »wenn seine Klarheiten sich aus seinen Dunkelheiten, die auch Dunkelheiten bleiben, entwickeln«.[31]

Es gilt also, ein neues Verhältnis zu den »Dunkelheiten« des persönlichen wie des gesellschaftlichen Lebens herzustellen und sie nicht als Mangel des menschlichen Geistes abzutun, sondern als Teil des Phänomens Leben, das wir nur dann angemessen behandeln (und eben nicht erkennen) können, wenn wir ihm die für uns unverständlichen Dunkelheiten als ureigene Qualität zugestehen. Um das tatsächlich in unseren Entscheidungen und unseren Handlungen ausdrücken zu können, brauchen wir einen Blick für das Zusammenspiel von Instinkt, Intuition und Intellekt und sollten nicht einem der drei zu großen Vorrang einräumen. Nur dann können wir uns aus einem komplexen Zusammenspiel unserer Erkenntnismöglichkeiten heraus auch den komplexen Situationen in unserem Leben widmen. Es gilt also, um die Suche als eigenständiges Handeln anzuerkennen, die Richtung der eigenen Gedanken zu verändern – ähnlich wie Henri Bergson die wesentliche Fähigkeit des philosophischen Denkens darin sah, »die gewohnte Richtung unserer Gedankenarbeit umzukehren«. Diese Umkehr liegt weniger darin, dass wir tatsächlich umkehren müssen, dass wir unser Leben auf den Kopf stellen und jede Menge grundsätzlicher Entscheidungen treffen sollten, sondern vielmehr darin, ebendies nicht zu tun, sondern anzuhalten und hinzusehen, um darüber nachzudenken. Das Anhalten ist die Umkehr, wenn wir es gewohnt sind, draufloszustürmen.

Nur aus diesem Moment des Anhaltens entsteht eine neue Perspektive, und ebendas ist gemeint, wenn Bergson betont, der Philosophierende sei sich selbst immer wieder ein neuer Anfang: »Indem er die Kurve seines eigentümlichen Denkens verließ und in der geradlinigen Richtung der Tangente weiterdachte, ist er gleichsam aus sich selbst herausgetreten. Er kehrt zu sich wieder zurück, wenn er zu seiner Intuition zurückkehrt. Aus diesem Sich-selber-Verlieren und Zu-sich-selber-Zurückkehren besteht die Zickzacklinie einer Lehre, die, wie man sagt, ‚sich entwickelt', das heißt, die sich in Wirklichkeit verliert, wieder findet und sich endlos selber korrigiert.«[32]

Wir kennen das Ziel dieser Zickzacklinie nicht, wir wissen nicht, wohin unsere Entwicklung uns führen wird, aber wir wissen, welchen Weg wir nehmen müssen, um mit dieser Entwicklung Schritt zu halten. Gerade deshalb sollten wir unsere Schritte nicht ständig beschleunigen, sondern uns selbst dazu bringen, regelmäßig anzuhalten, um das zu bedenken, was »ist« – nicht das, was sein sollte, schöner oder besser wäre, sondern das, was der »Fall ist«, wie der Gegenwartsphilosoph Peter Bieri an unsere gehetzten Geister appelliert. Warum aber ist es offenbar so schwer, sich dem zu widmen und herauszufinden, was »der Fall« ist?

3. Die Kraft der Besonnenheit: Auf der Suche nach dem Glück

Du suchst und suchst und kannst
den Sinn nicht finden. Gib's auf; denn so
wirst du ihn nicht ergründen.
Zieh deines Wegs und träume vor dich hin:
Wie oft enthüllt im Unsinn sich der Sinn!
Mascha Kaléko

Es geht also darum, das »Wesentliche« zu finden, sich darum zu kümmern, und damit wäre endlich einmal eine Antwort gefunden. Aber ebendiese Antwort wird im selben Moment zur nächsten Frage: Was ist denn nun das Wesentliche, und woher weiß ich das? Dass diese Frage so schwer zu beantworten ist, kann sehr verschiedene Gründe haben. An Versuchen, ihr auf den Grund zu gehen, scheint es nicht zu mangeln. Denn mal ehrlich – wir kümmern uns doch ständig um das, was gerade »wichtig«, »dran« oder auch das »Wesentliche« ist: Jeden Tag geben wir unser Bestes. Wir planen, erledigen, funktionieren und arbeiten uns an dem ab, was anliegt. Meistens sind wir damit furchtbar beschäftigt, und, um uns an Peter Bieri zu erinnern: Es ist eben sehr viel der Fall, und gerade deshalb fehlt die Zeit für Dinge, um ständig anzuhalten und eine Betrachtungspause einzulegen, ob das, was wir da vorfinden, auch das ist, was wir als wesentlich einstufen würden. Zugegeben, auf diese Weise kommen wir leider auch nicht so recht zu all den Dingen, die wir immer schon mal ausprobieren wollten, die wir fragen oder entdecken möchten oder in denen wir besser werden könnten, auch wenn wir damit kein Geld verdienen oder auf der Karriereleiter nach oben klettern. Aber wird allein dadurch etwas schon so viel wesentlicher? Ändert sich etwas daran, nur weil ich weiß, was wirklich »der Fall« ist? Ja, es ändert möglicherweise alles, wenn dadurch klar wird, dass einiges von dem, was ich da den ganzen Tag tue, deutlich weniger wesentlich ist, als ich immer angenommen hatte. Wenn ich es einfach nur noch nicht geschafft habe, mal darüber nachzudenken, was wäre wenn. Was wäre, wenn etwas anderes »der Fall« ist oder wäre.

Allein diese Frage ist bereits ein Anfang, aber was genau stellen wir mit ihr an, wenn sie uns morgens beim Kaffee überfällt – was machen wir mit ihr? Sie muss wahrscheinlich warten, bis später oder heute Abend, jetzt gibt es gerade eindeutig Wichtigeres zu tun, herrje, schon wieder so spät, also ab aufs Rad und Richtung Bahnhof. Und wehe, unser gut geöltes Uhrwerk gerät ins Wanken, ein Stau, ein Typ in der S-Bahn, der mit seinem Rucksack die Tür versperrt, die Bahn, die wieder nicht auf die Minute planen kann – all das behindert uns bei dem, was wir zu tun und zu erledigen haben, und schiebt damit den Moment auf, an dem ich mich endlich um diese Frage kümmern kann. Diese Frage von heute Morgen, wie war sie noch gleich? Ach, nicht so wichtig, nach einem vollen Tag wollen wir eh nur noch eins – nach Hause, aufs Sofa, Füße hoch und irgendwo anders hin, Fernseher an, die neueste Staffel von was auch immer. Endlich Ruhe und einen entspannten Abend! Der Wunsch nach Entspannung steht derzeit auf Platz 1 der Hitliste der Deutschen, laut einer führenden Frauenzeitschrift ist Entspannung die neue Leitkultur der »Generation Stress«, und Forsa-Umfragen bestätigen, dass sich 62 Prozent von uns ein stressfreieres Leben wünschen. Das ist also ganz offensichtlich »der Fall« – aber was steckt dahinter? Warum leben wir, wie wir leben, was treibt uns an, und wieso ist es so schwer, das, was wir tun, etwas weniger gestresst anzugehen – wenn wir das doch eigentlich alles gar nicht wollen? Außer das mit dem Glücklichsein natürlich.

Drehen wir die Frage einmal um: Was hindert uns daran, mehr über das herauszufinden, was wirklich vor sich geht, beziehungsweise daran, auch mal glücklich zu sein? Eine mögliche Antwort haben wir gehört: Wir haben zu wenig Zeit, sind einfach zu gestresst, um uns wirklich auf die Suche nach Antworten zu machen, aber schon wird es interessant: Was heißt eigentlich Stress? Wieso sind wir schon gestresst, wenn wir morgens zehn Minuten zu spät sind, weil der Lieblingspulli unserer Tochter unauffindbar hinter die Sportklamotten gerutscht war, während unsere beste Freundin auch in der größten Hektik noch Zeit für ein kurzes Gespräch mit der alten Nachbarin hat? Stress scheint recht viele Farben und Formen zu haben und sich seinen Opfern sehr unterschiedlich zu nähern. Also schauen wir auch hier kurz genauer hin, was wir eigentlich meinen, wenn wir von Stress sprechen.

Der Begriff »Stress« tauchte erstmals nach dem Ersten Weltkrieg auf, im Rahmen biologischer Forschungen, die die Regulierungskonzepte organischer Systeme untersuchten. In den 1930er-Jahren veröffentlichte der US-Physiologe Walter B. Cannon erstmalig eine Studie zur Selbstregulation und Homöostase mit dem Titel »The Wisdom of the Body«, deren Erkenntnisse über die untersuchten biologischen Organismen hinaus auch auf gesellschaftliche Zusammenhänge zutreffen sollten. Im weitesten Sinne ging es um die Frage, wie Organismen unterschiedlichsten Aufbaus mit äußeren Belastungen umgehen und welche Formen der Regulierung daraus entstehen beziehungsweise greifen, um zurück in ein organisches Gleichgewicht zu finden.[33] Wie also kommt ein Organismus mit besonderen Anforderungen und Beanspruchungen zurecht? Ungefähr zeitgleich mit Cannon untersuchte der österreichisch-kanadische Mediziner Hans Selye ähnliche Fragen, allerdings auf den menschlichen Körper bezogen. Seine zentrale Frage war, wie es unserem Körper möglich ist, unter der Einwirkung schädlicher Einflüsse (wie Infektionen, Verletzungen, Vergiftungen und Ähnlichem) weiter zu funktionieren. Diese vielfach hormonellen Reaktionen des Körpers, die zumindest zeitweilig hohe Leistungen unter großer Belastung möglich machen, übertrug Selye später auch in andere Disziplinen. In den 1940er-Jahren wurden seine Erkenntnisse von der Luftfahrtmedizin und der Kriegsforschung aufgenommen und in den 1950er-Jahren als grundsätzliche Frage nach dem Umgang mit Stress in einer immer breiteren Öffentlichkeit diskutiert.[34]

Im Rahmen dieser Diskussion, die bis heute immer umfassender und mittlerweile zentral für unser Wohlbefinden geworden zu sein scheint, entstand ein weitreichendes Konzept von Stress, das trotz allem erst einmal nichts weiter aussagt, als dass ein Organismus, eine Organisation oder eben ein Mensch im Kontext vielfältiger sozialer Systeme durch innere wie äußere Reize beansprucht werden und eine Reaktion darauf notwendig wird. Diese ursprünglichen Einwirkungen können unterschiedlichster Natur sein, Körper oder Psyche betreffen, künstlich erzeugt oder durch natürliche Entwicklungen ausgelöst werden. Wie aber können wir nun damit umgehen? Im Umgang mit und in der Bewältigung von Stress gibt es bei aller Forschung bis heute keine objektiven Maßstäbe. Die Auswirkungen und Bewertung von Stress hängen eng mit den körperlichen und psychischen Fähigkeiten und Einstellungen zusammen und reichen von Flucht und Aggression über die Verdrängung oder Verneinung der bedrohlichen Situation bis hin zur Möglichkeit, aus den stressverursachenden Faktoren eine Lernerfahrung zu machen. Dafür gibt es kein objektiv gültiges Richtmaß, jeder Einzelne ist zu einem großen Teil selbst maßgeblich, was ihn wann auf welche Weise stresst und wie er dieser Tatsache begegnet.

Nehmen wir ein Beispiel. Für den Abend haben Sie Freunde eingeladen und planen ein Essen mit zehn Gästen. Sie haben sich Gedanken gemacht, was wann wie und wo eingekauft werden soll, das meiste liegt bereits im Kühlschrank, und die letzten Kleinigkeiten wollen Sie in der Mittagspause besorgen. Alles läuft wie geplant, dann ruft Ihre beste Freundin an, ob es in Ordnung wäre, noch Tina und Christian mitzubringen, die beiden sind gerade spontan in der Stadt, das wäre doch nett? Klar, kein Problem, ist ja nur ein lockeres Essen, Sie kriegen das schon hin. Aber reicht die Suppe wirklich? Und vielleicht sollten Sie dann doch lieber noch ein oder zwei Flaschen Rotwein mehr besorgen, nur für den Fall, na ja, eigentlich müssen wir ja morgen alle arbeiten, es wird also sicher kein langer Abend. Da stürmt Ihr Chef ins Büro. »Hören Sie, da fehlt ja die Hälfte, wie soll ich mit den Folien denn morgen zum Kunden gehen? Das brauche ich bis heute Abend – und zwar vollständig.« Es ist mittlerweile Viertel nach drei – der Nachmittag hat nicht mehr allzu viel zu bieten, der Stresslevel steigt. Ihr Organismus meldet Alarm auf verschiedenen Ebenen, und Sie haben nun unterschiedliche Optionen, darauf zu reagieren, um in eine Art Gleichgewicht zurückzufinden.

Die Ideallösung: Sie krempeln die Ärmel hoch und bringen die Folien auf Hochglanz, reichen das Ganze um halb sechs beim Chef ein und hoffen auf keine weiteren Änderungswünsche, dann hetzen Sie zur Weinhandlung um die Ecke, sprinten in Ihre Küche, und mit etwas Glück und Vertrauen haben Sie bis um acht den Tisch gedeckt, den Herd geschrubbt, Ihre Haare irgendwie in den Griff gekriegt und ein strahlendes Lächeln im Gesicht, wenn Ihre beste Freundin mit Tina und Christian um Viertel vor acht vor der Tür steht mit den Worten: »Tut mir leid, wir sind ein bisschen zu früh, können wir noch was helfen?« Und Sie werden ganz stressfrei den Wein entkorken und antworten: »Nein, kein Problem, ist alles fertig.«

Eine andere Möglichkeit liegt darin zu sagen: Das funktioniert so nicht, grundsätzliche Planänderung. Entweder Sie sagen Ihrem Chef, er soll seine Folien selbst aufpolieren, oder Sie sagen Ihren Freunden ab – welche Möglichkeit Ihnen mehr Stress erspart beziehungsweise Sie mehr Mut kostet, hängt von Ihnen ab, und auch wenn dadurch ganz sicher wieder ein neues Ungleichgewicht auftaucht, werden Sie auf recht einfache und schnelle Weise den akuten Stresszustand behoben haben.

Ein dritter Weg liegt darin, den Plan nicht grundlegend, aber in einzelnen Aspekten zu ändern: Das Dreigängemenü ist nicht mehr zu schaffen, aber Spaghetti gehen immer, und vielleicht können Michael und Susanne noch ein paar Antipasti von dem Italiener bei ihnen unten im Haus mitbringen. Damit stehen Sie zwar etwas weniger glänzend da, aber wollen Sie Ihre Freunde sehen oder für Ihre Kochkunst gelobt werden? Sie entscheiden.

Am Ende entsteht meist eine Art Mischung aus all diesen Lösungsansätzen, um aber mit dem Stress umzugehen, der sich aus den veränderten Anforderungen an Sie und Ihre gemachten Pläne ergibt, gilt es in jedem Fall, sich der eigenen Optionen gewahr zu werden und dem, worauf sich Ihr Handeln eigentlich richten soll. Was wäre der schlimmste mögliche Fall, der eintreten könnte, und warum? Wenn Sie bereit sind, den einen oder anderen Stressmoment zum Anlass für diese Frage zu nehmen, landen Sie bei der letzten Möglichkeit – nämlich der etwas altklug wirkenden Idee, aus dieser Frage eine Lernerfahrung machen zu wollen. Was können Sie in einem solchen Fall lernen? Niemals zu einem Essen mitten in der Woche einladen, zum Beispiel, oder nur unter der Mithilfe aller Gäste – jeder bringt einen Teil des Menüs mit. Oder: Die Folien für die Kundenpräsentation deutlich früher beim Chef abgeben und das Feedback zu einem für Sie günstigen Zeitpunkt einfordern, statt bis zum letzten Moment darauf zu warten. Sie werden so natürlich nicht vermeiden können, wieder und wieder in Stressmomente zu geraten, in Phasen, die Sie tatsächlich aus dem Gleichgewicht bringen und denen nicht mit solch kleinen Veränderungen beizukommen ist, und dennoch lässt sich die eigene Grundhaltung zu dem, was Stress ist und was er mit mir machen darf, sehr wohl und sehr gut an diesen kleinen Momenten üben.

Darüber hinaus sollten wir uns außerdem bei dem Versuch, jeden Stress in unserem Leben zu lindern, klarmachen, dass wir unserer Fähigkeit, auf besondere Anforderungen reagieren zu können beziehungsweise zu müssen, auch sehr viel verdanken. Es gibt durchaus eine positive Deutung von Stress, den sogenannten Eustress (nach der griechischen Bedeutung von *eu* als »wohl« oder »leicht«), der uns nicht bei der Bewältigung unserer täglichen Aufgaben behindert, sondern sogar weiterbringt. Denn auch wenn wir derzeit ein Übermaß an Stressoren beklagen – ohne jede Form von Stress würden wir ebenfalls nicht leben wollen: In seiner milden Form ist er unserer Gesundheit äußerst zuträglich, laut medizinischen Forschungen beugt er Alzheimer und Hautkrebs vor, beschleunigt die Heilung von Verletzungen und verzögert für den Stressmoment selbst die Alterungsprozesse in unseren Zellen. Der Professor für Psychiatrie Firdans Dhabar von der Stanford University in den USA forscht seit 2009 über diese Zusammenhänge und ist nicht der Einzige, der versucht, dem Stress zu etwas mehr Ansehen zu verhelfen. Auch das Leibniz-Institut für Altersforschung in Jena kommt zu dem Schluss, dass Stress in Maßen gesund, frisch und konzentriert macht, der Hamburger Kognitionspsychologie Lars Schwabe geht sogar noch weiter und sagt, dass es der Stress ist, der uns hilft, ins Gleichgewicht zurückzufinden, auch wenn es dabei selbstverständlich um ein Gleichgewicht geht, das zeitlichen und individuellen Maßstäben genügen muss, wie beispielsweise die Effekte von Stress in Lernsituationen oder bei Prüfungen.[35] Stress hilft uns, bestimmte Leistungen zu erbringen, und eröffnet gleichzeitig die Chance, dass wir den Mut aufbringen, eigene Erfahrungen zu machen – wir geben uns einen Ruck und überwinden damit ebenfalls konkrete Stressfaktoren. Das, was hier greift, ist das Prinzip der »Hormesis«, das der Wissenschaftsjournalist Richard Friebe in seinem gleichnamigen Buch eingehend untersucht hat, um den Blick für das zu öffnen, was Stress auch sein kann. Denn bei allem Stress verdanken wir diesem Prinzip offenbar eine Menge, und es hilft tatsächlich, unsere Perspektive auf das zu verändern, was uns ständig zu stressen scheint.

Nicht selten werden wir sogar dafür belohnt, dass wir uns einem gewissen Stress ausgesetzt haben – wir können also unser Wohlbefinden durch ein gewisses Maß an Anspannung erhöhen, allerdings immer in Abhängigkeit der jeweiligen Dosis und unserer inneren Haltung zu der konkreten Situation: Beim Sport etwa gibt es angenehme Momente von Anspannung und Stress, wir genießen den Kitzel eines Wettkampfs, im Stau hingegen gibt es weniger Möglichkeiten, den aufkommenden Stress als positiv einzustufen – aber ganz egal, auf welche Weise wir uns gestresst fühlen, wir haben dennoch unterschiedliche Möglichkeiten, ihm zu begegnen. Wir können zumindest versuchen, diese Stressmomente einigermaßen gelassen hinzunehmen, oder wir steigern den inneren Stress durch den Ärger, mit dem wir auf ihn reagieren. Oder aber wir lassen uns stressen, finden die Tatsache als solche aber nicht weiter dramatisch. Offenbar ist die Einstellung, die wir dem eigenen Gestresstsein gegenüber einnehmen, sogar ziemlich entscheidend dafür, ob unser Stress uns krank macht oder nicht, wie eine Studie an der Universität Wisconsin mit 29 000 Teilnehmern deutlich macht.[36] Nicht das Ausmaß an Stress, dem die Probanden ausgesetzt waren, sondern die Frage, für wie bedenklich sie ihn hielten, war das zentrale Kriterium für ihre Gesundheit – die nach acht Jahren in den unterschiedlichen Teilnehmergruppen erneut geprüft wurde. Dabei geht es nicht darum, sich gnadenlos zu überfordern und dieses Verhalten unbedenklich zu finden, sondern den empfundenen Stress genauer in den Blick zu nehmen. Was ist es, was ich daran bedenklich finde oder nicht? Was ist der eigentliche Stressor, und was wird mir als stressig verkauft? Denken wir an das Beispiel mit dem Abendessen, dann gibt es sehr unterschiedliche Möglichkeiten, in einer solchen Situation Stress zu empfinden, und außerdem weitere Möglichkeiten, diesen Stress als bedenklich, als anspornend, nervig oder der Sache nicht wert einzustufen. Das, was uns stresst, ist der Universität Wisconsin zufolge weitaus weniger die konkrete Situation, sondern das Gefühl, sich ausgeliefert zu fühlen, keinen Überblick und keinen Raum für selbstbestimmtes Handeln zu haben.[37]

Wenn wir nun noch einmal zurück zu unserem Wunsch nach Entspannung kommen und darin die Vermutung verfolgen, dass entspannte Menschen glücklicher sind, dann haben wir es offenbar mit einem partiellen Irrtum zu tun. Allem Anschein nach darf es in unserer Suche eben nicht darum gehen, jede Form von Stress zu verbannen und nur noch tiefenentspannt durchs Leben zu dösen, sondern es gilt, die Grenze zwischen mildem und zu viel Stress besser zu erkennen beziehungsweise herauszufinden, was wir daran als bedenklich einstufen. Kein »Ganz-oder-gar-nicht«, »Entweder-oder«, sondern erneut die Frage: »Was ist eigentlich der Fall? Und warum ist das so?«

Dabei ist die boomende Entspannungskultur weniger ein Lösungsangebot als vielmehr ein wichtiges Symptom, denn sie macht zweierlei mehr als deutlich: zum einen, wie sehr wir unseren Alltag in der Summe als belastenden Stressor empfinden, und zum anderen, wie wenig wir uns tatsächlich mit der Frage beschäftigen, warum das so ist. Die Sehnsucht nach der Alternative zum hektisch Gewohnten ist so groß, dass die eigentliche Ursache – nämlich der Zeitmangel und oft auch die eigene Bequemlichkeit – dazu führt, dass wir das Problem selbst kaum ernsthaft in den Blick nehmen und uns auf die Schnelle mit etwas zufriedenzugeben bereit sind, das uns kurzfristig guttut: Wellness eben oder »Feel-good-dies und -das«.

Das Streben nach dem, was uns guttut, spielt sich aber oft genug zu sehr an der sinnlichen Oberfläche ab – und ist so flüchtig wie ein schöner Duft. Das Streben nach dem Guten ist zwar ein großartiger Ansatz, aber es reicht nicht aus, das Loslassen des Alltags in den Spa-Bereichen großer Wellnesshotels nur dafür zu nutzen, dass alles andere bleiben kann wie bisher. Die Verwöhnanwendung oder das Yogaseminar sind zwar eine wunderbare Pause, wirklich verändern tut sich dadurch aber wenig, und im besten Fall ist der Akku danach so weit aufgeladen, dass wir am Montagmorgen den Faden genau dort wieder aufnehmen, wo wir ihn am Freitag erschöpft liegen gelassen hatten. Das, was darin fehlt, ist der Gedanke einer Lernerfahrung, wir bewegen uns in der Negation dessen, was wir kennen, aber eine wirkliche Einsicht wird daraus nicht entstehen können. Was also tun, wenn es nur für die kurzen Auszeiten zu reichen scheint und ich einfach nicht weiß, wann und wo ich mit der Suche nach Einsicht anfangen soll?

Chill dein Leben: Warum gelassen nicht entspannt ist

Bleiben wir bei der schlichten Erkenntnis, dass wir auf der Suche nach etwas sind, das uns guttut – insbesondere dann, wenn wir dem Stress Lebewohl sagen wollen – damit ist mehr gewonnen, als es auf den ersten Blick den Anschein hat. Denn wenn dieses Gute nicht auf uns und unser Wohlbefinden beschränkt bleiben muss, schlagen wir eine andere Richtung ein, die sich an die schönen Momente der Wellnesslandschaften anschließen kann. Nun wissen wir allerdings nicht immer ganz genau, was uns zum Ersten guttut und was darüber hinaus das Gute eigentlich sein soll. Denn schon in der Frage vermischen sich verschiedene Bedeutungsebenen: Das, was uns jetzt guttut, wie eine Riesentafel Schokolade, ist dauerhaft vielleicht kein Weg zum Wohlbefinden, aber auch ein guter Moment ohne viele Gedanken an das Danach kann das Richtige sein. Allerdings bleibt zweifelhaft, dass dieser Maßstab als neue Lebensleitlinie taugt: Soll ich wirklich meine Altersvorsorge für eine Südamerikarundreise auf den Kopf hauen? Und – wie sieht es mit der Güte meiner Entscheidungen aus, wenn ich sie auf Umweltverträglichkeit, politisches Engagement oder soziale Verantwortung hin überprüfe? Kann das, was mir guttut, auch dann richtig sein, wenn es in meinem Ort Flüchtlingsfamilien gibt, die dringend Unterstützung brauchen?

Wie viel Engagement für das Gute an welcher Stelle meines Lebens ist angemessen, mach- und schaffbar? Es gibt Argumente für das Gute auf so vielen Seiten – und oftmals haben alle recht. Das Gute macht es uns also alles andere als leicht: Worin liegt der Unterschied, sich selbst etwas Gutes zu tun oder Gutes zu tun? Im zweiten Fall haben wir es eindeutig mit einer moralischen Kategorie zu tun, die bei dem Griff zum vierten Stück Schokolade deutlich weniger ins Gewicht fällt. Es scheint, als müssten wir die Suche nach dem Guten ein wenig entwirren, um hoffentlich am Ende festzustellen, dass das, was uns guttut, eine Mischung aus einem individuellen Wohlgefühl und einem guten Gewissen, also einer moralischen Übereinstimmung mit der Welt, ausmachen muss. Und eben dafür reicht es nicht, sich einen Zustand der Entspannung vorzustellen, der erst einmal durch die Abwesenheit von all dem glänzt, was wir sonst so zu tun haben.

Wie ein gelungenes Zusammenspiel aus Anspannung und Entspannung aussehen kann, können wir von unserem Körper lernen. Wir haben bereits einiges über den körperlichen Umgang mit Stress erfahren – der deutlich weniger eindeutig als Problem einzustufen ist, als es oftmals den Eindruck macht, wenn wir uns umhören. Es geht also nicht um die Abwesenheit von Stress, Anspannung oder Aufregung, sondern um ein gelungenes Wechselspiel aus verschiedenen Spannungszuständen. Jeder Muskel in unserem Körper ist darauf ausgelegt, von einem Spannungszustand zu einem Ruhezustand wechseln zu können. Dabei verändert sich der sogenannte Muskeltonus, der immer die Menge an Widerstand beschreibt, die notwendig ist, damit der Muskel äußerem Druck entgegenwirken kann. Dieser Widerstand variiert natürlich je nachdem, ob wir auf der Massageliege liegen oder eine Wasserkiste aus dem Auto wuchten, ob wir zwanzig oder sechzig Jahre alt sind und ob wir unser Leben lang Sport gemacht haben oder eher nicht. In einer angespannten Situation oder beim Bergsteigen brauchen wir selbstverständlich mehr Kraft als im Ruhezustand, aber selbst wenn wir tiefenentspannt sind, also in Momenten der Ruhe, behält der Muskel einen gewissen Tonus bei, eine letzte Form der Aktivität. Das Ausbleiben jeglicher Aktivität bedeutet, dass die Nervenbahnen durchtrennt wurden oder dass wir völlig erschöpft zusammengeklappt sind – erst dann verschwindet der Muskeltonus und damit seine Fähigkeit, auf die Außenwelt in irgendeiner Form zu reagieren. Dieser Zustand nennt sich Atonie und ist ein zu behandelnder Krankheitszustand – und eben keine Entspannung oder gar Gelassenheit. Übertragen wir dieses Bild auf unsere Sehnsucht, einfach mal nichts zu tun, haben wir oft weniger einen aktiven Ruhezustand vor Augen, sondern eher so etwas wie einen atonischen Zustand an irgendeinem karibischen Idealstrand. Damit nehmen wir uns aber bei der Stressbewältigung die wichtigste Voraussetzung, um zu verstehen, wie wir tatsächlich etwas verändern können. Nur wenn wir unseren eigenen Tonus, unseren inneren Rhythmus kennen, können wir variieren – zwischen angespannten Phasen innerer Hochleistung und Momenten des nutzlosen Tuns, die uns aber nicht völlig wegschalten, sondern einen anderen Modus der Aktivität bedienen, um unseren Energiehaushalt wieder aufzufrischen. Diese Momente sind durch große Wachsamkeit und eine besondere Form der Wahrnehmung geprägt, die weiterhin eine Interaktion mit der Außenwelt und den Menschen um uns herum zulassen:

Momente, in denen wir weniger entspannt als vielmehr gelassen auf das blicken können, was uns umgibt.

Zurück also zur Ausgangsfrage: Das, was wir suchen, um genügend Spielraum für unsere Handlungen zu gewinnen, die mehr sein sollen als reine Reaktionen auf Stressmomente, ist offenbar nicht der Zustand der Entspannung, sondern eher eine innere Haltung, die wir am besten mit dem Begriff der Gelassenheit beschreiben können. Ein weiterer Begriff, mit dem wir heute viel zu tun haben, wenn wir uns auf die Suche nach einem guten Leben machen, aber was genau steckt eigentlich hinter diesem Wort? Die Gelassenheit beschreibt eine Tugend, die schon in der Antike mit dem Begriff der Seelenruhe beschrieben wurde, nicht weil sie all das, was zu tun ist, loslässt, sondern weil sie uns befähigt, auch in emotionalen Stürmen den Blick für das Wesentliche nicht zu verlieren und handlungsfähig zu bleiben. Aber was macht diese Seelenruhe aus: Ist Gelassenheit ein Charakterzug, eine Fähigkeit, eine Einstellung oder etwas ganz anderes? In der platonischen Schule gehört die Gelassenheit zu den vier Kardinaltugenden für ein gelingendes Leben – neben der Weisheit, der Tapferkeit und der Gerechtigkeit. Allerdings wird der griechische Begriff der Sophrosyne, den Platon verwendet, im Deutschen sowohl mit Gelassenheit als auch mit Besonnenheit übersetzt, und auch wenn diese Begriffe sich sehr ähneln, geht es für die nächsten Abschnitte einmal darum, beide voneinander zu unterscheiden und ihnen unterschiedliche Qualitäten zuzuschreiben.

Die Gelassenheit sehen wir eher als etwas an, was uns im Umgang mit unseren Emotionen zu einer Haltung verhilft, die uns trotz aller gefühlten Höhen und Tiefen ein Gefühl der inneren Ruhe und Selbstwirksamkeit nicht verlieren lässt – wir behalten einen klaren Blick für das, was ist, und lassen uns nicht von Angst, Ärger, Sehnsucht oder Liebe zu etwas hinreißen, was wir möglicherweise schon kurz danach bereuen. Allerdings heißt das noch nicht zwingend, dass wir auch handeln – es geht hier mehr um eine innere Haltung, einen »seelenruhigen« Zustand, der seinem Ursprung nach viel damit zu tun hat, dass wir uns in dem »Glauben« an das, was gut werden wird, beruhigen können. Der Besonnenheit (auf die wir am Ende des Kapitels näher eingehen werden) schreiben wir eher eine handelnde Qualität zu – wir sind gelassen, handeln aber besonnen. Bei der Gelassenheit sind wir erst einmal sicher, dass es sich dabei um etwas Gutes handelt, bei der Besonnenheit ist es etwas weniger eindeutig. Wir sind nicht immer begeistert, wenn ein besonnener Mensch zunächst den Fuß vom Gas nimmt und sich den Dingen eher abwartend nähert, um dann zu entscheiden, was zu tun ist – letztlich aber aus guten und überlegten Gründen. Die Besonnenheit ist jedoch nicht gleichbedeutend mit Langsamkeit, sondern meint das, was entsteht, wenn wir aus der Haltung der Seelenruhe heraus unsere Vernunftbegabung im besten Sinne nutzen, um etwas zu tun – und so behält sie eher einen Bezug zu unseren geistigen Fähigkeiten. Dazu aber wie gesagt später mehr.

Was also hat es mit der Gelassenheit auf sich, die uns dabei helfen soll, einen Umgang mit unseren gefühlten Höhen und Tiefen zu finden? Das Streben nach einer solchen Form der Gelassenheit ist nicht nur eine platonische Tugend, sondern beschreibt auch den Kern der stoischen Philosophie, einer Denkschule, die um 300 v. Chr. von Zenon von Kition begründet wurde – in einer Säulenhalle mitten in Athen. Einer ihrer wichtigsten Vertreter war etwa drei Jahrhunderte später der römische Philosoph Seneca, der davon überzeugt war, dass die Gelassenheit uns hilft, im Umgang mit den Wirren unseres Gefühlslebens, unseren Trieben und Begehrlichkeiten zu mehr Seelenruhe zu gelangen. Die sogenannte Affektfreiheit (die Ataraxie) galt den Stoikern letztlich als Ziel allen philosophischen Strebens.

Nun werden Sie sicher stutzen. Wie kann es ein philosophisches Ziel (und das auch noch bei der Suche nach dem Glück) sein, sich von seinen Wünschen, Sehnsüchten und Gefühlen fernzuhalten? Versuchen wir derzeit nicht immerzu das Gegenteil, also gerade einen Zugang zur eigenen Gefühlswelt zu schaffen? Affektfreiheit klingt für uns heute nach einem selbstbeherrschten und wenig erstrebenswerten Zustand, in dem wir mit zusammengebissenen Zähnen alles richtig zu machen versuchen – aber bei aller berechtigten Kritik, ganz so meinten es die Stoiker nicht. Das, was auch Seneca beispielsweise in seinen Überlegungen »De ira« (Über den Zorn) deutlich macht, ist, dass wir unsere Gefühle durchaus ausleben können oder sogar müssen, dass wir uns aber hüten sollten, in Momenten des Zorns oder anderer Gefühlsausbrüche wichtige Entscheidungen zu treffen. Auch darüber lässt sich anderer Meinung sein, denn es klingt schon sehr beeindruckend, wenn unser Freund uns von einem Tag auf den anderen eröffnet, dass er morgen den Job hinschmeißen und im nächsten Wintersemester doch noch anfangen will, Psychologie zu studieren oder seine Weltumsegelung zu machen. Was für eine Eingebung, aber – auch ohne ein Spielverderber sein zu wollen – interessant wird die Geschichte erst im dritten Semester und der Reisebericht etwa ab der dritten Urlaubswoche. Denn, und dabei erinnern wir uns an den Abschnitt zur Intuition, zu jeder guten Entscheidung gehört mehr als nur ein gutes Gefühl. Alles, was nötig ist, um diese Entscheidung vom Bauch aus in den Rest des Körpers zu tragen, sind ein wenig Zeit und die Chance, das Gefühl einen Moment lang auf den Prüfstand zu stellen. Ob Sie dabei eine Nacht lang drüber schlafen oder die Vernunft zum inneren Gespräch einladen, bleibt Ihnen überlassen, in jedem Fall würden Sie den Stoikern damit einen großen Gefallen tun.

Wie aber kommen wir dahin? Wie steht es um die Möglichkeit, gelassener zu werden, sowohl im Umgang mit besagten euphorischen Eingebungen also auch mit den sehr viel häufigeren Momenten der inneren und äußeren Konflikte und Ärgernisse? Sehen wir uns dazu noch einmal genauer bei Seneca um. Der römische Philosoph verfasste ein Traktat zur Gelassenheit, mit dem er auf die überaus aktuell klingenden Sorgen seines Freundes Serenus antwortete – ein Zeitgenosse, der auf der Suche nach dem guten Leben aus seiner Rastlosigkeit keinen Weg zur inneren Ruhe erkennen konnte und dabei sehr an uns moderne Suchende erinnert. Serenus beklagt eine innere Unruhe, die ihm zwar keine existenzielle Not verursache, aber doch eine nagende Unzufriedenheit und das Gefühl, das eigene Leben nicht richtig anzugehen. Nicht, dass er nicht schon verschiedenste Möglichkeiten ausprobiert habe – seine Versuche von der materiellen Askese über innere Einkehr bis zu sozialem Engagement hätten die innere Unruhe aber nur noch gesteigert. Themen, die uns bekannt vorkommen und offenbar nicht allein einer global vernetzten Welt geschuldet, sondern der unruhestiftenden Natur des Menschen zu verdanken sind. Was entgegnet darauf nun der stoische Philosoph? Seneca antwortet sehr ausführlich mit einem über achtzigseitigen Text, in dem er vieles zum Zustand der römischen Welt ausführt, die Sorgen seines Freundes beziehungsweise dessen innere Rastlosigkeit aber auf eine einzige Wurzel zurückführt, nämlich den Umstand, »keinen Gefallen an sich selbst zu haben«. Dabei geht es Seneca nicht um eine unkritische Begeisterung für das innere Selbst und den narzisstischen Wunsch, allein das Eigene zu verwirklichen, sondern darum, sich diesem Eigenen zu widmen und es mit Wohlgefallen zu betrachten: Das, was gut, und das, was vielleicht auch nicht so gut geraten ist – ohne den stetigen Wunsch nach Optimierung. Dieses wohlwollende Wissen um das Eigene sieht Seneca als wichtigste Quelle an, um der stürmischen Welt da draußen etwas entgegensetzen zu können, was auch in Zeiten von Wandel und Veränderung, selbst in Momenten der Not und der Unsicherheit einen Rahmen, einen Boden bieten kann, auf dem sich kluge Entscheidungen treffen lassen. Können wir dieses Wohlgefallen nicht aufbringen, dann fehlt uns das Zutrauen in die eigenen Fähigkeiten und Entscheidungen und damit auch die Möglichkeit, Einfluss auf die Welt um uns herum zu nehmen. Darin aber sollte den Stoikern zufolge das eigentliche Ziel bestehen, um in einer Gemeinschaft, einer bestehenden Ordnung, den eigenen Platz auf die bestmögliche Weise auszufüllen. Eine wichtige Frage steht dabei im Mittelpunkt ihres Denkens: »Was steht in meiner Macht?« In anderen Worten: Was kann ich tatsächlich beeinflussen, und wo sind die Grenzen dessen, was ich tun beziehungsweise mir zum Ziel setzen kann? Insbesondere der Philosoph Epiktet, ebenfalls ein wichtiger Vertreter der jüngeren Stoa, hat mit diesen grundsätzlichen Fragen deutlich gemacht, dass wir zwar nicht immer alles können können, sehr wohl aber in der Lage sind, mehr zu tun, als wir glauben – wenn wir ernsthaft unseren Rahmen des Möglichen ausloten.

Für die Stoiker ist gerade nicht alles für jeden zu jeder Zeit möglich oder erreichbar, und doch bedeutet gerade diese Beschränkung die eigentliche Voraussetzung für ein geglücktes Leben, denn nur wenn wir uns auf das besinnen, was uns auch wirklich mit auf den Weg gegeben ist, können wir ein Gefühl von Erfolg und Zufriedenheit erreichen – in dem und durch das, was in unserer Macht steht. Damit ist das ewige Streben nach Mehr, nach dem, was die anderen haben, können und machen, in der stoischen Lehre das zentrale Problem eines unglücklichen und rastlosen Lebens – es ist das, was ein fast zerstörerisches Interesse daran hat, Grenzen zu überschreiten, und wird im Sinne der Maßlosigkeit nicht nur problematisch, sondern auch zu einem moralischen Unrecht. Entsprechend fordert Epiktet ebenso wie Seneca, wir sollten uns frei von falschen Vorstellungen an die Ausgestaltung der uns gegebenen Möglichkeiten machen, um darin einen Standpunkt, eine Position zu finden: »Deshalb strebe vor allem danach, dich nicht von deiner falschen Vorstellung fortreißen zu lassen. Hast du einmal Zeit zur Überlegung gewonnen, dann wirst du leichter deiner Herr werden.«[38] Diese Herrschaft über das Eigene ist im stoischen Sinne das, was uns dazu befähigt, mit uns selbst ins Reine zu kommen und darin ein inneres Gleichgewicht zu finden – das, was uns angemessen ist. Diese Form der Mäßigung ist aber alles andere als ein schläfriges Mittelmaß, das sich mit dem Spatz in der Hand zufriedengibt, es ist eher einem maßgeschneiderten Anzug vergleichbar, der gerade deswegen perfekt ist, weil er um unsere kräftigen

Waden und die nicht ganz so breiten Schultern weiß und das Beste daraus macht. Übertragen auf die Welt der Vorstellungen finden wir in diesem Maß neben dem, was uns guttut, auch das, was wir für das Gute halten.

Damit wird dieser maßvolle Rahmen also zu etwas, was wir nicht als Beschränkung unseres ach so unabhängigen Lebens zu vermeiden suchen sollten, sondern er wird zu einem strukturgebenden Geländer, das wir ebenso in den Blick nehmen sollten wie das Bild, den er umgibt. Jeder Rahmen begrenzt das Bild nicht nur, sondern hebt es auch als das hervor, was es ist, oder macht es zu dem, was der Betrachter in ihm sieht. Versuchen wir also die Lehren der stoischen Philosophie für uns zu übersetzen, so bedeutet Gelassenheit die Fähigkeit, sich im Vertrauen und in Kenntnis der eigenen geistigen Begabungen auf ein inneres, intuitives Wissen zu verlassen. Beides zusammen gibt mir Orientierung und Sicherheit und hilft durch emotionale Stürme hindurch – aber darin liegt eben noch keine Handlungsanweisung: Was im konkreten Moment tatsächlich zu tun ist, wird uns niemand vorhersagen können. Denken Sie zurück an das Abendessen: Was ist tatsächlich zu tun? Welche Vorstellungen haben Sie von einem solchen Abend, den Sie als gelungen bezeichnen würden, worum geht es Ihnen? Heute.

Dahinter verbirgt sich eine Haltung, die die Wahrnehmung dessen, was ist (also das, was der Fall ist, und nicht das, was er sein sollte), zur wichtigsten Voraussetzung für das eigene Handeln erklärt – auch wenn das vielleicht hin und wieder bedeutet, einfach einmal nichts zu tun, nicht einzugreifen, nicht zu beeinflussen.

Selbstverständlich funktioniert das nicht, wenn ich in der Küche stehe und zehn Gäste bewirten oder einer konkreten

Anforderung gerecht werden möchte, aber es ist unerlässlich, um herauszufinden, welche Anforderung es denn tatsächlich sein soll. Das klingt einfacher, als es ist, probieren Sie es aus. Am besten in einem Moment, in dem es zunächst keine weiteren Anforderungen gibt. Setzen Sie sich in einen Raum Ihrer Wahl, nehmen Sie sich eine halbe Stunde Zeit, und versuchen Sie, nur das wahrzunehmen, was um Sie herum ist, ohne etwas verändern zu wollen – weder an dem, was Sie in diesem Raum sehen, noch an dem, was Sie innerlich wahrnehmen. Betrachten Sie es, drehen und wenden Sie es, und finden Sie heraus, was Sie da eigentlich vorfinden – das, was in diesem Moment der Fall ist.

Aber wieder regt sich altbekannter Zweifel: Wozu soll das gut sein? Was ist, wenn mir das, was ich um mich herum wahrnehme, nicht gefällt – wenn ich eine bessere Idee habe? Wir haben doch bereits festgehalten, dass wir Menschen strebende, suchende Wesen sind, und irgendetwas lässt sich doch immer verändern, warum sollten wir uns das nicht vornehmen? Selbstverständlich behält unser Streben nach Verbesserung seine Berechtigung, es ist unser Motor, und zwar ein sehr wertvoller, aber wir sollten es eben nicht übertreiben, sondern auch und gerade hier das rechte Maß im Blick behalten: Was ist gut, so wie es ist, und was ist das, was wir tatsächlich zum Besseren beeinflussen wollen beziehungsweise auch können? Gegenwärtig haben wir uns so sehr daran gewöhnt, diese Frage nach dem zu Verbessernden so zu stellen, als wäre sie eine Antwort, dass wir uns mittlerweile in einem Optimierungswahnsinn befinden, der nichts und niemanden mehr in Ruhe lassen kann. Und viel weniger als die Sachen selbst wird ebendies zum Anlass unserer Unruhe, zwingt zu dauernden Vergleichen und setzt eine Verwirrung in Gang, die zu einem Dauerzustand zu werden droht, wenn wir selbst dem nichts entgegenzusetzen wissen.

Sich selbst, den eigenen Tonus und das, womit ich zu tun habe, zunächst einmal kennenzulernen, bevor ich es zu verbessern versuche, ist der erste wesentliche Schritt in Richtung Gelassenheit. Das klingt wie eine Selbstverständlichkeit, ist es aber nicht: Warum gehe ich jeden Tag in dieses Büro und nicht in ein anderes? Wie gut kenne ich meine eigenen Wünsche, die meiner Frau, meines Mannes oder die meiner Kinder? Interessiert mich das eigentlich, und wenn nicht, warum nicht? Es gibt unzählige Fragen, über die wir jeden Tag stolpern können – und natürlich werden Sie nicht allen davon nachgehen können, aber sich die eigenen Fragen permanent vom Leib halten zu wollen ist ebenfalls ziemlich anstrengend. Denn eben darum geht es: mitten im Alltag, mitten in der Hektik der eigenen To-dos nach mehr Gelassenheit zu streben und nicht in der Abkehr von dem, was zu tun ist. Die innere Seelenruhe erlangen wir nur, wenn wir den Mut haben, uns auf die Welt da draußen einzulassen, uns berühren und betreffen zu lassen, um dann zu entscheiden, was davon wirklich von Bedeutung für uns und unser Handeln ist. Die Ataraxie, also die von den Stoikern angestrebte Affektfreiheit, darf nie so weit gehen, dass sie in eine kühle und unverbindliche Gleichgültigkeit mündet. Aber auch Seneca versuchte nicht, uns zu emotionslosen Robotern zu erziehen, sondern mahnte an, dass es nicht unsere Emotionen sein sollten, die das Ruder bei der Wahl unserer Handlungen übernehmen. Zugegeben, ein gelassener Mensch ist nach unserem heutigen Verständnis auch ein Mensch, der etwas leidenschaftslos und distanziert erscheinen kann und damit wenig Zugang zu seiner »sinnlichen« Seite hat – aber darin liegt nur eine Möglichkeit, keine Notwendigkeit. Das, was die Tugend der Gelassenheit ausmacht, ist ein maßvoller Umgang mit dem, was wir an Optionen zur Verfügung haben – und wenn wir uns dann für einen leidenschaftlichen Sprung ins Ungewisse entscheiden, wissen wir zumindest, was wir da gerade tun oder lieber lassen.

Diese Unterscheidungen sehen zu lernen ist das, womit die Gelassenheit uns belohnt: einen anderen Blick für den Umgang mit dem Ungewissen und die Enttarnung der Hütchenspielertricks der Informationsgesellschaft. Ja, wir können nicht alles und sollten es uns auch nicht beständig einreden: Keine Fitnessmethode der Welt wird uns Jugend und Gesundheit garantieren, keine Hautcreme kann alle Zeichen der Hautalterung aufhalten, kein Team ist von morgens bis abends innovativ, hip und leistungsstark, und keine Familie springt jeden Sonntag glatt gebügelt ins frisch gewaschene Auto, um einen Ausflug aufs Land zu machen – wir alle wissen das, wollen es aber trotzdem irgendwie hinkriegen. Daraus ergibt sich ein unruhiges Hin und Her von Hochleistungsoptimierung und apathischem Nichtstun – von Gleichgewicht keine Spur.

Eine gelassene Haltung lässt sich nicht herstellen oder durch Leistungsanreize beschleunigen – das Einzige, was wir tun können, ist, uns selbst zu beobachten, was wir warum tun und wie wir es tun. Daraus entsteht also die vielleicht wichtigste Frage auf dem Weg zu mehr Gelassenheit, und wir stellen sie einmal mehr in Anlehnung an Hannah Arendt, die diese Frage an den Anfang eines ihrer Hauptwerke gestellt hat. In ihrem Buch »Vita activa« schreibt sie, es gehe ihr in ihren Überlegungen um nichts weniger als die

Beantwortung der Frage, was wir eigentlich tun, wenn wir »tätig« sind.

Aber was tue ich schon, wenn ich den ganzen Tag irgendwelche Dinge tue – vom Aufstehen bis zur abendlichen Lieblingsserie?[39] Auch wenn es ungewohnt ist: Was genau tun Sie denn da, wenn Sie etwas tun – und wie tun Sie es? Sie rackern sich ab, klettern auf der Karriereleiter empor oder rennen auf dem Laufband, Sie arbeiten dafür, dass es Ihren Kindern gut geht oder damit Sie im Alter abgesichert sind. Meist steht hinter all diesem Tun das, was Hannah Arendt als »Arbeiten« oder »Herstellen« beschrieben hat, die Formen des Tätigseins, die zum Selbsterhalt unserer Leistungsgesellschaft wesentlich geworden sind. Für unsere europäische Idee von einem guten Leben ist es wichtig, dass wir eine sichtbare Leistung erbringen, die sich sehen lassen kann – dass wir ein Land aufgebaut haben, uns ein Leben »schaffen«, eine Arbeit suchen und letztlich zu dem werden, was wir tun. Eine Kultur der Hyperaktivität: Wir sind, was wir tun!

Was aber, wenn wir diesen Wert selbst infrage stellen – wenn es weniger die Leistung beziehungsweise das Ergebnis dieser Leistung ist, die mein Leben zu etwas Gutem macht, sondern das, was mich in dem, was ich tue, ausmacht? Manchmal gerade deshalb, weil es Dinge sind, die keinem konkreten Ziel oder Zweck gewidmet sind, weil ich also um der Tätigkeit selbst willen tätig werde – das, was wir bereits von der Idee der aristotelischen Praxis gehört haben. Denken Sie an die Dinge, die Sie einfach gern tun, ohne etwas damit erreichen zu wollen: Sie singen vielleicht, nicht um ein großer Star zu werden, sondern einfach weil Sie gern singen, Sie treffen sich mit Freunden, weil Sie diese Menschen gern um sich haben, zeichnen, um des Ausdrucks willen, oder lesen einen Roman, einfach nur, um zu lesen. Was ist es, was Sie gern tun, einfach weil Sie es gern tun? Und wie kehren Sie von dort aus zu dem zurück, was Sie tun müssen oder erledigen wollen?

Nach Hannah Arendt ergibt sich erst aus der Einsicht der Unterschiedlichkeit des eigenen Tätigseins die kostbarste Form menschlichen Tuns – das Handeln, das nicht allein auf die Erfüllung äußerer Zwecke ausgerichtet ist, aber auch kein Tun ist, in dem ich mit mir allein bin, sondern das zu der Welt da draußen eine lebendige und wahrhafte Beziehung aufzubauen versucht. Um ebendas auf den Weg zu bringen, brauchen wir eine andere Vorstellung davon, was es bedeutet, unsere Sache gut zu machen. Und hier bekommen wir nun mögliche Antworten auf die Frage, worin der Unterschied besteht, ob wir uns etwas Gutes tun oder Gutes tun.

Laut Platon liegt es jeder unserer Handlungen zugrunde, nach dem Guten zu streben, aber eben nicht in einem ökonomischen Sinne (denn auch die Hoffnung auf genügend Anerkennung und Zuspruch hat den Charakter eines ökonomischen Tauschgeschäfts), sondern in einem moralisch-sittlichen Verständnis. Der platonischen Philosophie zufolge ist die Idee des Guten das, was all dem, das wir als wahr, als schön oder wertvoll anerkennen, zugrunde liegt. Im Sonnengleichnis, das Platon in seiner Staatslehre, der *politeia*, anführt, vergleicht er das Gute mit dem Licht der Sonne, das notwendig ist, damit wir die Dinge sehen können, wie sie sind. Wenn das Gute nicht auf das strahlt, was wir erkennen oder verstehen wollen, dann bleibt es für uns dunkel und unverständlich. Hinter dieser Vorstellung steht die Überzeugung Platons, dass wir die Welt mithilfe unserer Erkenntnis für uns erschließen können, dass es also letztlich keine »bleibenden Dunkelheiten« (wie Georg Simmel es nannte) geben muss, mit denen wir leben lernen müssen, sondern wir die Dinge mithilfe von Geist und Sprache erhellen und abbilden können. Gegen diese Erkennbarkeit lässt sich einiges einwenden, aber auch wenn wir hier nicht mit Platon übereinstimmen, so bleibt die Überlegung, ob wir unser Handeln am Guten ausrichten wollen, zentral für die Antwort auf Arendts Frage, was wir da eigentlich tun, wenn wir tätig sind. Glauben wir daran, dass das Gute eine Leitlinie sein kann? Ist der Mensch ein gutes Wesen, oder sollte unser Glücksstreben eher in der Vermeidung des Bösen, der Katastrophe oder der nächsten Krise liegen? Wie können wir angesichts der großen Probleme in der Welt überhaupt davon sprechen, dass das Gute eine Leitlinie des menschlichen Handelns ausmacht? Diese Frage ist nicht von der Hand zu weisen – aber auch hier dürfen wir bei all dem, was es an Krisen, Not und Verzweiflung zu beantworten gilt, nicht aus dem Blick verlieren, was jeden Tag gelingt, wo sich Dinge zum Guten wenden und wie das Bestreben der Menschen dazu führt, dass viele Szenarien weniger dramatisch ausfallen als befürchtet. Und zu welchen radikalen Veränderungen das Gute fähig ist, wenn man ihm zugesteht, dass es oft sehr viel Zeit dafür braucht. Eine solche Haltung macht es möglich, sich der Vergänglichkeit und Veränderlichkeit der Welt bewusst zu sein und in ihr dennoch immer wieder aufs Neue eine Ordnung, einen Sinn zu erkennen, der über unser eigenes, persönlich empfundenes Glück – oder auch die Not oder die eigene Unzufriedenheit – hinausweist. Laut Viktor Frankl, dem Begründer der Logotherapie, der als KZ-Häftling die Bedeutung von Sinn und Hoffnung als überlebenswichtige Kategorien selbst erfahren hat, müssen wir uns auch von uns selbst nicht alles gefallen lassen und dürfen stärker sein als unsere Angst. Ebendas ist das einzige Ziel, das sich auf der Suche nach Gelassenheit wirklich formulieren lässt: unsere Erwartungen an ein berechenbares Leben herunterzufahren und die Angst davor zu verlieren, weniger Rechte auf die Konsequenzen unseres Tuns beanspruchen zu können – auch weil vielleicht gerade dadurch die Dinge gelingen mögen. Ein ziemlich idealistisch klingender Anspruch – aber welche Alternative haben wir?

Das leise Glück der kleinen Dinge: Wieso wir nach dem Guten streben sollten

Wenn es uns also gelingt, das Leben am Guten auszurichten, wenn wir lernen, gelassener zu sein und ein angemessenes Verhältnis zu dem zu finden, was in unserer Macht steht – wenn wir all diese idealtypischen Voraussetzungen tatsächlich in uns vereinen sollten –, was geschieht dann? Sind wir dann automatisch glücklich? Nein, denn wir könnten es ebenso weiterhin mit dem Philosophen Arthur Schopenhauer halten, der sicher war, dass in diesem Glauben einer der größten menschlichen Irrtümer liege: »Das Leben, mit seinen stündlichen, täglichen, wöchentlichen und jährlichen, kleinen, größeren und großen Widerwärtigkeiten, mit seinen getäuschten Hoffnungen und seinen alle Berechnung vereitelnden Unfällen, trägt so deutlich das Gepräge von etwas, das uns verleidet werden soll, dass es schwer zu begreifen ist, wie man dies hat verkennen können und sich überreden lassen, es sei da, um dankbar genossen zu werden, und der Mensch, um glücklich zu seyn.«[40]

Also, ist das Gute vielleicht ein anzustrebendes Ideal, das Glück aber reiner Mythos? Vielleicht, aber irgendwie scheint es doch einen Unterschied zu geben. Denn wir alle machen irgendwann doch die Erfahrung, dass es möglich ist, glücklich zu sein. Für einen kleinen Moment, einen Nachmittag oder einen Urlaub am Mittelmeer. Ist ein gutes Leben also wenigstens eines, das glücklich machen kann? Auch Sokrates blieb angesichts der Frage, ob man das Gute lehren beziehungsweise lernen könne, wieder einmal ratlos. Auf die Frage des jungen Menon antwortet er: »Mir selbst nun geht es ganz genauso: Ich leide mit meinen Mitbürgern in dieser Sache auch unter diesem Mangel und mache mir Vorwürfe, überhaupt nichts über das Gutsein zu wissen. Was ich nicht kenne und wovon ich nicht weiß, was es ist, wie könnte ich davon wissen, wie es beschaffen ist? Oder glaubst du, jemand kann wissen, ob Menon schön oder reich oder möglicherweise auch adlig oder von allem das Gegenteil ist, wenn er ihn gar nicht kennt und überhaupt nicht weiß, wer er ist? Meinst du, das sei möglich?« Menon verneint diese Frage, will aber nicht glauben, dass Sokrates so wenig vom Gutsein wissen will. Was solle er denn zu Hause erzählen? Darauf entgegnet der weise Sokrates: »Erzähle nicht nur das, sondern auch, dass ich, wie mir scheint, keinen anderen getroffen habe, der es wusste.«[41]

Und trotz aller Ratlosigkeit bleibt es dabei – selbst, wenn wir nicht genau wissen können, was das Gute ist beziehungsweise als was es sich zeigt, so erleben wir es doch als etwas, das uns guttut und das etwas mit dem Glück zu tun hat. Schopenhauer mag recht haben, dass wir dieses Erleben nicht zwingend erwarten können, dass es also möglicherweise ein lebenslanges Streben bleibt, und doch muss es etwas geben, worüber wir denken, sprechen, woran wir ebendieses Streben ausrichten können. Allerdings wandelt sich offenbar aber genau das – die Richtung, der Maßstab und damit die Vorstellung davon, wie das Gute und das Glück sich verbinden lassen – nicht zuletzt auch mit dem Wandel der Traditionen und Lebensmodelle. Insbesondere die Überzeugung, dass ich selbst einen enormen Einfluss auf das eigene Glücklichsein habe, hat sich in den letzten Jahrzehnten mehr und mehr durchgesetzt. Nicht allein in der Tatsache, dass wir selbst unseres Glückes Schmied sein könnten, sondern auch in der Erwartungshaltung und den damit verbundenen Ansprüchen, die wir wie selbstverständlich an die eigenen Glücksvorstellungen richten.

Meine Urgroßmutter ließ sich von meiner Großmutter noch auf dem Sterbebett versichern, dass sie in ihrem langen Leben vielleicht nicht immer alles gut oder richtig gemacht, aber doch immer ihre Pflicht getan und auf diese Weise gute Entscheidungen getroffen habe. Als ihre Tochter beide Fragen bejahte, ging nach den Erzählungen meiner Großmutter ein zufriedener Ausdruck über das Gesicht ihrer Mutter – was nicht oft der Fall war, zumindest solange ich sie kannte. Ich war zehn, als sie starb, und habe sie als kämpferische und eher strenge Person in Erinnerung, die ihr Leben durch klare Überzeugungen von richtig und falsch zu strukturieren wusste. Ich denke, sie hätte trotz aller Entbehrungen und Schwierigkeiten gesagt, dass sie ein gutes Leben gelebt habe, ob es ein glückliches war, weiß ich nicht, aber das

Glück war sicher kein ständiger Gast in ihrem engen Wohnzimmer. Wahrscheinlich war es aber auch nicht das Wichtigste. Denn ich bin sicher, dass sie über das, was wir vielfach anstellen, um dem Glück auf die Spur zu kommen, leise gelächelt und einen festen Knoten in ihre Schürze gebunden hätte, um an die Arbeit zu gehen und das zu tun, was eben zu tun war. Das, was ihr Leben zu einem guten machte, waren andere Dinge als das vermeintlich wankelmütige Glück, das kommt und geht, wie es ihm beliebt – aber was sind diese anderen Dinge?

Wir haben gehört, dass das Gute eine Kategorie ist, an der wir unser Handeln als ein moralisch-sittliches ausrichten, eine Kategorie, die alles andere als eindeutig ist, uns aber eine ethische Richtlinie eröffnet. Wenn wir etwas Gutes tun, dann tun wir das vermeintlich Richtige, und zumindest im Rahmen bestimmter Kulturkreise oder Gemeinschaften lässt sich das Gute wenn auch nicht definieren, so doch von seinem Gegenteil abgrenzen: dem Schlechten, Falschen oder Bösen. In dieser Abgrenzung gibt es zwar jede Menge Verhandlungsbedarf, aber wir haben Kriterien und die Möglichkeit, Gründe für das eine oder gegen das andere auszusprechen.

Das alles aber hat mit unserer Vorstellung von Glück auf den ersten Blick recht wenig zu tun – denn hier geht es uns um Phasen oder Momente, die über uns hereinbrechen, uns einen Augenblick voller Freude und Unbeschwertheit bescheren, ohne dass wir dabei moralischen Setzungen folgen. Mein jüngster Sohn kann ganz sicher und völlig unvermittelt am Tisch sitzen und sich über ein glückliches Gefühl freuen, weil der Moment für ihn gerade ganz genau der richtige ist. Weil die gebackenen Kekse gelungen sind, der

Buntstift genau die richtige Farbe hatte oder die Sonne lustige Kreisel an die Tapete malt, die aussehen wie ein Ufo. Dieses Glück ist ansteckend, und es lebt davon, dass es uns weder etwas abverlangt noch zu etwas gut sein muss – es ist einfach da, und wir dürfen daran teilhaben, wenn wir wollen. Manchmal betrifft das Glück aber auch größere Lebensbereiche – es läuft einfach gut, wir haben den Job ergattert, den wir immer wollten, den letzten Kita-Platz oder freuen uns über ein glückliches Händchen bei den letzten Verhandlungen. Manchmal haben wir einfach Glück und wissen nicht, warum gerade jetzt, ob wir es verdienen und warum es plötzlich wieder weiterzieht – dann haben wir Pech oder sind unglücklich, obwohl wir doch vermeintlich alles richtig gemacht haben. Aber ist es tatsächlich allein dieses flatterhafte Ereignis von etwas, das sich nicht fassen und anstreben lässt, oder gibt es nicht doch etwas, was wir tun können, damit sich das Glück wenigstens als freundlicher Besucher immer mal wieder bei uns niederlassen mag?

Versuchen wir es also doch noch einmal damit, das Glück ein wenig besser zu verstehen. Aristoteles erklärt das Glück – die *eudaimonia*, die genauer mit Glückseligkeit zu übersetzen ist – zu einem Gut, das man um seiner selbst willen anstrebt, das aber nicht in der Abstraktion oder dem Reich der Ideen zu finden ist, sondern nur in der konkreten Verwirklichung, also dem, was wir aus gutem Grund tun.[42] Dieses Glück ist ein »sich selbst genügendes« Gut, das wir laut Aristoteles aber nicht im Rückzug auf uns selbst, also in einem auf das »Ich beschränkte Leben« finden können. Nur in einem Leben voller Beziehungen, »in der Verflochtenheit mit Eltern, Kindern, der Frau, überhaupt den Freunden und Mitbürgern« sei die Glückseligkeit zu erwarten, »denn der

Mensch ist von Natur bestimmt für die Gemeinschaft«[43], so der griechische Philosoph in seiner »Nikomachischen Ethik«. In diesem Bild ist das Glück deutlich mehr als ein paar flüchtige glückliche Momente, sondern das, worum es im Leben geht, das, wonach wir streben, so Aristoteles: »So erweist sich denn das Glück als etwas Vollendetes, für sich allein Genügendes: Es ist das Endziel des uns möglichen Handelns.«[44] Aber können wir uns ein solches Glück wirklich zum Ziel setzen? Steckt darin nicht bereits ein Widerspruch – denn ein Ziel gilt es schließlich anzustreben und nicht beständig zu verwirklichen? Bei einer »Dauerverwirklichung« des Glücks wäre die Frage, ob uns das, was wir gerade tun, glücklich macht, entscheidend, sonst hätten wir in jedem Moment des Unglücklichseins bereits unser Ziel verfehlt, und das klingt maßlos anstrengend und unmöglich – ein sehr aktuelles Missverständnis. Aber ebendas hat auch Aristoteles nicht gemeint. Denn er fragt weiter. Was soll dieses Endziel nun ausmachen, wie lässt sich das Anzustrebende benennen, wenn seine Folge das Glück sein soll? Das Glück ist also eine Folge von etwas, das wir tun, sodass es sich daraus ergeben kann. Dieses Etwas liegt für Aristoteles in der Entfaltung der dem Menschen gegebenen Möglichkeiten, der Vollendung seines eigenen Werks, das aber weniger einen Zustand meint, sondern »ein Tätigsein der Seele im Sinne der ihr wesenhaften Tüchtigkeit«. Das Ziel liegt nicht irgendwo da draußen, nicht in einem hedonistischen Leben nach dem reinen Lustprinzip oder dem, was wir erreicht oder gekauft haben, sondern in dem, was und wie wir sind – einem Etwas, das wir jeden Tag aufs Neue zum Ausdruck bringen müssen, und zwar in dem, was wir tun. Und dem hätte ganz sicher auch meine Urgroßmutter zustimmen können.

Wir sind also immer dann glücklich, wenn wir etwas vollbringen, was dem Wesen unserer Seele entspricht, was uns in Übereinstimmung mit uns selbst bringt – ein Kohärenzempfinden, das wir in der Bewegung und im Ausdruck dessen finden, was wir für das Richtige beziehungsweise für sinnvoll halten. Und ebendieses Empfinden steht immer in Beziehung zu einer Form von Tüchtigkeit, die wir heute eher mit dem etwas altmodischen Begriff der Tugendhaftigkeit bezeichnen würden, weil sie – so Aristoteles – nur dann einen Wert hat, wenn wir dabei den Bezug zum Guten nicht verlieren. Hier also reichen sich das Glück und das Gute die Hand, sodass ein glücklicher Mensch in diesem Bild niemals ein böser, unethischer, skrupelloser und selbstsüchtiger Mensch sein könnte. Das Glück ergibt sich demnach aus dem, wie und auf welche Weise wir nach der Verwirklichung des Guten streben.

Sie runzeln die Stirn – nun soll auch das Glück eine moralische Kategorie sein? So wie es der neuzeitliche Denker Spinoza im siebzehnten Jahrhundert gesehen hat: »Das Glück ist nicht der Lohn der Tugend, sondern die Tugend selbst«? Aber ist es nicht gerade der gegenwärtig oft angemahnte Tugendterror, der uns davon abhält, einfach mal glücklich sein zu dürfen? Weil wir, egal, was wir tun, gleichzeitig auch schon wieder einen Fehler zu machen scheinen? Biogurken in Plastikfolie, vegane Erdmandeln mit entsetzlicher CO_2-Bilanz, »überförderte« Grundschulkinder und zu kurz gekommene Eltern in schlecht geführten Pflegeheimen? Was auch immer wir tun, irgendein moralischer Zeigefinger wird ganz sicher auf uns zeigen. Glücklichsein scheint unter diesen tugendhaften Argusaugen fast unmöglich zu sein. Schopenhauer hatte also doch recht? Nein, nicht wirklich, denn in der ethischen

Ausrichtung des eigenen Handels liegt kein Widerspruch zum Glück, sondern darin, dass wir glauben, alles, aber auch alles richtig machen zu können – um am Ende das Glück als Belohnung in die Arme zu schließen. Das Glück aber hält ganz sicher den einen oder anderen Konflikt aus und ist sich nicht zu schade, mit der Unvollkommenheit zu kooperieren. Wenn wir uns entscheiden, welchen moralischen Grundsätzen wir folgen wollen, wir uns darauf verständigen und mit anderen Menschen darüber austauschen, dann machen wir weiterhin Fehler, können uns dafür aber wenigstens an einigen Stellen in unserem Leben sicher sein und vertreten einen Standpunkt, der um seiner selbst willen von Bedeutung ist. Und damit haben wir schon mal einen guten Ausgangspunkt, um trotz aller Unvollkommenheit den einen oder anderen Fehler zu vermeiden – dabei ist die Moral kein Hindernis, sondern eine Hilfe. Auch bei Aristoteles bedurfte die Glückseligkeit vor allem einer Sache: Übung. Denn, so fügt der griechische Philosoph hinzu, es sei schließlich selbstverständlich, dass eine Schwalbe noch keinen Frühling mache, auch ein Tag den Menschen weder glücklich noch selig machen könne – sondern das, was gemeint ist, bedürfe eines »vollen Menschenlebens«. Das Glück ist also nicht das Gute, aber wir erleben es nicht, ohne nach dem Guten zu streben, und zwar immer und immer wieder – ein Leben lang. Womit wir dann doch wieder bei der Tüchtigkeit wären. Das ist als Erkenntnis nicht wirklich bahnbrechend, in der Umsetzung aber eine ziemlich große Aufgabe, die wir auf sehr unterschiedliche Weise angehen können.

Und so, wie es sehr unterschiedliche Formen gibt, wie wir das Gute mit dem Glück verbinden können, wird es Sie nicht verwundern, dass es auch in der weiteren philosophischen Suche nach dem Glück überaus vieldeutig zuging – bis heute eine ewige Suche. So beschrieb zum Beispiel der griechische Philosoph Epikur scheinbar im direkten Gegensatz zu Aristoteles gerade das Lustprinzip als wichtigstes Merkmal eines gelingenden Lebens. Dabei ging es Epikur aber eher um das Freisein von Unlust, Leid oder Schmerz als um das muntere Tun und Lassen dessen, wozu man gerade Lust hat. Ganz im Gegensatz zu unserer heutigen Vorstellung eines »lustigen« Lebens, rät Epikur sogar, man solle seine Bedürfnisse auf die wirklich notwendigen reduzieren, um so große Enttäuschungen oder Verlust zu vermeiden – so reichten oftmals die kleinen Freuden aus, um ein glückliches Leben führen zu können, wie in Epikurs Bitte an seinen Freund Menoikeus deutlich wird, wenn er ihm am Ende eines Briefes schreibt: »Schicke mir doch einmal ein Stück kythischen Käse, damit ich, wenn ich Lust dazu habe, einmal recht schwelgen kann.«[45]

Aber bitte – ein Stück Käse? Das kann es doch ganz sicher nicht sein, was ein glückliches Leben ausmacht, und ich stimme Ihnen vollständig zu. Epikur ging es bei diesem Stück Käse denn auch weniger darum, sich allein darauf beschränken zu müssen, sondern er wollte das »Nährende«, das Essen und Trinken, den Genuss sinnlicher und künstlerischer Freuden als Bereicherung für das eigene Leben als Lustgewinn hervorheben. Die epikureische Philosophie sieht dieses sinnliche Glück, Lust und Genuss nicht als Gegenspieler oder Hindernis für eine Form der Glückseligkeit, die sich im Streben nach reiner Erkenntnis und Askese wiederfindet. Er würde also auch das stoische Streben nach Affektfreiheit nur schwerlich unterstützen, bleibt aber dennoch der Idee des »rechten Maßes« verbunden.

Zentral in der philosophischen Suche nach dem Glück wurde im Verlaufe der Neuzeit die wachsende Bedeutung des Einzelnen, das persönliche Streben nach einem geglückten Leben, das dem übergeordneten Prinzip der Glückseligkeit ein individuelles Glücksstreben zur Seite stellte. Im Zuge der Aufklärung entstanden, wie wir im ersten Kapitel bereits gelesen haben, neue Fragen, die das moderne Individuum sich selbst zu stellen begann. Der Franzose Jean-Jacques Rousseau – selbst zwar weniger als Aufklärer bekannt, aber doch ein großer Verfechter des individuellen Selbstdenkens – mahnte, der Künstlichkeit der bürgerlichen Kultur eine neue Natürlichkeit entgegenzusetzen, die der Einzelne nur im Studium der eigenen Innerlichkeit ausmachen könne. Immanuel Kant, der das Denken Rousseaus immer wieder als wichtigen Einfluss seiner aufklärerischen Philosophie bezeichnete, fragte nun auch weniger, wie das Glück beschaffen sei, sondern wie wir als Menschen beschaffen sein müssten, um dem Glück teilhaftig zu werden. Also weniger die Frage, was das Glück bedeutet oder wie wir es erkennen, war zu beantworten, sondern vielmehr: Wie müssen wir sein, damit das Glück sich für uns interessiert beziehungsweise wir hoffen dürfen, dass wir ihm begegnen? Um dieser Frage nachzugehen, machen wir einen kurzen Ausflug in die kantischen Überlegungen zu den Bedingungen des menschlichen Strebens nach Glück. In seinem Werk »Kritik der reinen Vernunft« (1781) fasst Kant das Bemühen der Vernunft mit dem Versuch zusammen, die folgenden drei Fragen zu beantworten:[46]

1. Was kann ich wissen?
2. Was soll ich tun?
3. Was darf ich hoffen?

Dabei betrifft das persönliche Streben nach Glück, so Kant, insbesondere die dritte Frage – nämlich die Überlegung, worauf ich hoffen darf, wenn ich tue, was ich soll. Hinter dieser Frage steht nach wie vor der Wunsch nach Glückseligkeit – die der Aufklärer als »Befriedigung aller unserer Neigungen« definiert. Dabei sieht Kant hier sowohl eine rein praktische wie auch eine theoretische Zielsetzung wirken. Der Philosoph nennt zwei Formen von »Gesetzen«, die es in diesem Streben zu befolgen gilt. Zum einen gelte das praktische Gesetz (oder die Klugheitsregel), das uns rät, was zu tun sei, um der Glückseligkeit teilhaftig zu werden (offenbar unter der Voraussetzung, dass wir genau das wissen), das andere aber sei ein moralisches Sittengesetz, das einen weiteren Aspekt einführt, nämlich die Frage nach der »Würdigkeit, glücklich zu sein«. Hier kommt zu unserem Glücksstreben etwas Neues hinzu: Es geht darum, das eigene Glück auf zwei verschiedene Weisen zu suchen – zum einen dadurch, dass wir die eigenen Neigungen und Bedürfnisse herausfinden und klären, zum anderen aber dadurch, dass wir genau das, was wir da herausgefunden haben, in ein Verhältnis zu dem setzen, was »grundsätzliche Prinzipien« eines glücklichen Lebens sein können – nicht nur für den Moment, sondern als Bedingung für jedes mit Vernunft und Freiheit beschenkte Individuum. Kant nennt diese Prinzipien apriorisch, was bedeutet, dass sie unabhängig von der menschlichen Erfahrung gelten. Es sind »grundsätzliche Prinzipien«, in denen sich für Kant moralische und theologische Maximen verbinden und in dem Appell münden: »Tue das, wodurch du würdig wirst, glücklich zu sein.«[47]

Wie aber sieht ein Mensch aus, der des Glückes würdig ist? Woher weiß ich, dass ich mich dem Glück oder einer übergeordneten Instanz gegenüber als würdig erwiesen habe? Die einzige mögliche Antwort liegt darin, dass das wahrhaftige Streben nach dem Guten – einer Kraft, die göttlichen Charakter haben kann – die Voraussetzung dafür ist, sich würdig zu erweisen, eine Garantie gibt es nicht. Und was geschieht, so fragt die reine Vernunft weiter, wenn ich »mich nun so verhalte, dass ich der Glückseligkeit nicht unwürdig sei, darf ich auch hoffen, ihrer teilhaftig zu werden«? Anders formuliert, was passiert, wenn mein Streben hier und da zu wünschen übriglässt, aber dennoch ein wahrhaftiges Anliegen erkennbar ist? Kant lässt auch diese Frage offen, zieht aber den wichtigen Schluss, dass ebenso wie die moralischen Prinzipien in ihrem Gebrauch zum Ausdruck gebracht werden müssen, auch die theoretischen Annahmen zulassen müssen, dass »jedermann die Glückseligkeit in demselben Maße zu erhoffen Ursache habe, als er sich derselben in seinem Verhalten würdig gemacht hat, und dass also das System der Sittlichkeit mit dem der Glückseligkeit unzertrennlich [...] verbunden sei«[48]. Das klingt verwirrend, meint aber etwas sehr Grundlegendes: Ebenso wie sich das moralische Prinzip an einer unvollkommenen Wirklichkeit überprüfen lässt, muss ebendiese Wirklichkeit in all ihrer Fehlbarkeit dennoch eine Möglichkeit in sich tragen, den Anforderungen des Glücks gerecht werden zu können. Damit soll deutlich werden, dass das Glück kein idealisiertes Destillat aus einer »laborähnlichen« Lebensweise sein kann, sondern ein Moment, der auf die Unvollkommenheit des wirklichen Lebens angewiesen bleibt. Aber es zeigt auch, dass unsere Würdigkeit dem Glück gegenüber sehr davon abhängt, ob wir bereit sind, an dieses Glück zu glauben. Nicht als ein Gottesgeschenk, sondern als Ausdruck für die

Möglichkeit einer transzendentalen Kraft, die wir vielleicht auch das Gute nennen können.

Das war nun ein recht ausführlicher Ausflug in die kantischen Überlegungen, bei denen Sie mir hoffentlich zu folgen bereit waren – denn die Überlegung zu der eigenen »Glückswürdigkeit« ist ein ziemlich zentraler Gedanke, der heute in der Jagd nach lustvoller Glückseligkeit kaum noch vorkommt – die in der Tat hin und wieder fast laborähnliche Versuchsreihen zu unternehmen versucht. Mit dem Gedanken der Fehlbarkeit taucht erneut die nicht unwichtige Frage auf, ob wir überhaupt ein Recht darauf haben, glücklich zu sein, oder am Ende gar verpflichtet sind, glücklich sein zu wollen? Also: Müssen wir ein guter Mensch sein wollen, damit das Glück uns erhört, und was, wenn wir einfach keine Lust haben, dieses Spiel mitzuspielen? Dann – so die einfache Konsequenz – ist auch das unser gutes Recht, aber in den bisherigen Annahmen von Aristoteles bis Kant haben wir damit die Aufgabe verweigert, unser Werk auf die bestmögliche Weise zu vollbringen, und verwehren uns so letzten Endes selbst das, worauf es in unserem Leben ankommen könnte. Das bleibt letztlich natürlich Spekulation, aber es ist doch nicht uninteressant zu fragen, welchen Weg ich selbst für mein Leben einschlagen will und ob ich in Zeiten von Leistung, Erfolg und Zielstrebigkeit mit dem Ziel etwas anfangen kann, »des Glückes würdig sein zu wollen«.

Überlegen Sie einfach kurz: Wann haben Sie das letzte Mal das Gefühl gehabt, in dem, was Sie tun, wirklich glücklich zu sein? Oder vielleicht waren Sie es auch, weil Sie gerade nichts zu tun hatten? Wie lange und warum? Waren Sie allein, oder haben Sie diesen Moment mit jemandem geteilt? Ist Ihnen ein solcher Moment eher passiert, ganz unerwartet, während Sie eigentlich gerade dabei waren, etwas ganz anderes zu tun, als glücklich sein zu wollen?

Es gibt Länder wie Bhutan, in denen es sich der Staat zur Regierungsaufgabe erklärt hat, die Bedingungen für ein glückliches Leben zu schaffen, das Glück der Bewohner sogar wichtiger ist als das Bruttosozialprodukt. Sogar ein »Happiness-Index« wurde eingeführt, um das Glück messen und beschützen zu können. Aber ungern wollen wir unser Haus und unseren Hof verlassen, um in Bhutan glücklich zu werden, wo also finden wir hier unser Glück – wie entfalten wir das, was unserer Seele wesentlich ist, um es mit Aristoteles zu halten, und uns dann der eigenen Glückswürdigkeit widmen zu können?

Um den Sprung in die Gegenwart zu tun, fragen wir zunächst, was genau das Glück heute für uns bedeutet. Wir haben bereits gehört, dass sich seine Ausdrucksformen und die Vorstellungen des Glücks schon innerhalb weniger Generationen verändern. Wo also ist die heutige Verbindung zu dem, was die antike Glückseligkeit anstrebte? Wenn wir versuchen, den Begriff zu erklären, dann finden wir allein bei Google über vierundachtzig Millionen Einträge, grundsätzlich aber wird das Glück recht schlicht erklärt als »die Erfüllung menschlicher Wünsche und Bestrebungen«. In der amerikanischen Verfassung ist das Streben nach Glück, wie wir gehört haben, als Menschenrecht festgehalten, der amerikanische Traum wurde von Thomas Jefferson als *Pursuit of Happiness* überschrieben. Wir dürfen also frei nach unserem ganz persönlichen Glück streben; was daraus wird, wird sich zeigen. Dieser Unterschied ist zentral, denn darin liegt alles andere als ein Recht auf ein glückliches Leben, alles, was wir tun dürfen beziehungsweise sollten, ist, danach zu streben. Darin steckt allerdings ein direkter Handlungsanspruch, dass wir also gemäß dem deutschen Schmied nun aber auch etwas dafür tun müssen, damit wir uns glücklich schätzen dürfen: Glück ist also durchaus das Ergebnis einer Leistung, wenn wir dem amerikanischen Superoptimismus glauben wollen. Einer Leistung, die katastrophale Abstürze und persönliches Scheitern relativ schweigend toleriert. Darüber hinaus aber unterscheiden die Amerikaner zumindest begrifflich durchaus zwischen »happy« und »lucky«, was im ersten Fall eher einen mentalen Zustand meint und im zweiten die Tatsache, dass wir Glück gehabt haben, uns also etwas widerfährt, das uns glücklich macht – vielleicht gerade, ohne dass wir dafür etwas tun können. Hier geht es weniger um die Unterscheidung von einer individuellen Bedürfnisbefriedigung und einem moralischen Prinzip, sondern um eine Innen- und Außenperspektive des Glücks – als Moment eines besonderen Erlebens beziehungsweise als Ereignis. Aus dieser Unterscheidung ergibt sich eine weitere Möglichkeit der Differenzierung, wenn wir unser eigenes Glücksstreben anschauen.

In der Wissenschaft gibt es die noch recht junge Disziplin der Glücksforschung, die hauptsächlich aus der positiven Psychologie hervorgegangen ist. Im Wesentlichen geht es den Forschern darum, Faktoren zu untersuchen, die zur Lebenszufriedenheit einzelner Menschen beitragen. Einer der Herausgeber des Buches »GLÜCK. Worldbook of Happiness«, der mexikanische Professor für Wirtschaftswissenschaften Mariano Rojas, der hauptsächlich das Verhältnis von Einkommen und Lebenszufriedenheit untersucht, fasst das Anliegen der Glücksforscher darin zusammen, herauszufinden, »wie Menschen ihr eigenes Leben bewerten«, wie sich Faktoren identifizieren lassen, »die erkennbar und systematisch die Lebenszufriedenheit der Menschen fördern oder beeinträchtigen«.[49]

Hier taucht also neben dem Glück und dem Guten erstmalig der Begriff der Lebenszufriedenheit auf, der vielleicht dem am nächsten kommt, was Aristoteles mit Glückseligkeit gemeint haben wird – auch wenn es weniger glücklich klingt. Zufriedenheit beschreibt einen Zustand, der nicht darauf angewiesen ist, im Dauerglück zu schwelgen, sondern genügend Stabilität aufweist, um das lebendige Prinzip der Gegensätze auszuhalten. Dieses Glück ist weit mehr als das eigene Streben und die Erfüllung von Wünschen und Träumen, es ist das Sehnen nach einer bestimmten Qualität, die uns in die Lage versetzt, unser Leben gut zu leben, unabhängig davon, ob wir wissen, was uns darin begegnet.

Das bedeutet indessen nicht, dass wir nicht weiter auf das Glück hoffen dürfen – aber in dieser Hoffnung liegt kein aristotelisches Endziel, es gleicht nicht dem Berggipfel, den wir klar vor Augen unter Anstrengungen erreichen können. Hoffnung richtet sich immer an etwas, an das wir aus guten Gründen glauben wollen – und an das Glück zu glauben ist eine ziemlich wunderbare Sache. Alles, was darüber hinausgeht, widerspricht aber dem, woran wir glauben wollen, denn das, was das Glück in unserem gegenwärtigen Verständnis so kostbar macht, ist seine Unberechenbarkeit. Selbst, wenn wir alles richtig gemacht haben, wissen wir nicht, ob am Ende ein glückliches Leben daraus entsteht – das Glück verweigert sich jeder Form von Ökonomisierbarkeit als Summe vermeintlich richtiger Verhaltensweisen, und genau das macht seinen Zauber in einer »berechnenden« Welt aus. Das Glück ist eigenwillig, bunt oder strahlend weiß, es ist laut und frech oder leise und behutsam – es beugt sich weder dem Zeitgeist noch den Gesetzen des Marktes, sondern braucht allenfalls Bedingungen, die ebenso wenig eindeutig beizubringen sind wie das Glück selbst.

Aber was genau bleibt uns dann noch? Wenn wir ein solches Glück nicht zielstrebig ansteuern, es auch nicht jagen dürfen, wenn es so vielfältig und unberechenbar ist, wie kann es dann überhaupt gelingen, ein glückliches Leben zu führen?

Meine Urgroßmutter würde wahrscheinlich antworten, dass die Frage einfach falsch gestellt ist – dass unser Leben allein dadurch glücklich wird, wenn wir einen Platz gefunden haben, an dem wir uns immer wieder aufs Neue dem widmen können, was der Tag mit sich bringt. Aber diese Geisteshaltung eines eigenen »Standpunktes« beziehungsweise das Streben nach einem »Ort« steht vielfach im Gegensatz zu unserer heutigen Vorstellung von Mobilität, Flexibilität, Globalität, Agilität und was es nicht alles an Beweglichkeiten gibt. Und daran ist wahrlich nichts auszusetzen, schließlich wollen wir ja auch auf der Suche bleiben, unterwegs sein und nicht in dem feststecken, was immer schon so war. Aber gerade weil die Welt in sich unbeständig und im Wandel ist, braucht das Glück offenbar ein Mindestmaß an Bodenständigkeit, um nicht abzuheben. Darin liegt kein Paradox, sondern eine menschliche Hilfskonstruktion. Vielleicht brauchen wir heute kein Haus mehr, in dem wir jahrzehntelang wohnen, glauben nicht mehr an die Liebe als lebenslanges Fundament für eine einzige Ehe oder versuchen uns lieber in unterschiedlichen Berufsbildern, als fünfzig Jahre Teil eines Großkonzerns zu sein – aber das, was uns in all den »…itäten« verloren geht, ist ein Standort, ein fester Punkt, an dem wir einen Knoten in unsere Schürze binden und entschlossen die Welt betrachten können, um Ja oder Nein sagen zu können. Ein Ort, von dem wir ausgehen mögen, wenn vielleicht auch nur für diesen Moment, diese Phase, diese Entscheidung.

Machen Sie mal Pause: Vom Hamsterrad zur Besonnenheit

Die Suche nach diesem Standpunkt ist ein wesentlicher Bestandteil, um dem eigenen Streben nach Glück und der eigenen Würdigkeit dazu eine Richtung geben zu können. Denken Sie noch einmal an die halbe Stunde, in der Sie versuchen, nur wahrzunehmen, was da ist, nichts verändern zu wollen – das, was Sie sehen, »voraussetzungslos« zu betrachten, um zu verstehen, wovon Sie ausgehen können und wollen. Als wachsamer Leser werden Sie nun sagen, hier stimmt doch etwas nicht, nun sollen wir also doch im Jetzt ankommen und mit der Sucherei aufhören. Das ist natürlich richtig, aber eben nur zum Teil, denn es ist etwas anderes, ob Sie aufhören oder anhalten – um sich zu vergewissern, wohin Sie Ihren nächsten Schritt setzen möchten. Und ebendiesen feinen Unterschied müssen wir im Blick behalten. Es geht also durchaus darum anzuhalten, selbst wenn wir dabei nirgends ankommen. Diesen Moment der Pause erst können wir nutzen, um das zu überprüfen, was ist, ohne danach zu fragen, was sein sollte. Viele Gedanken im Sinne einer solchen voraussetzungslosen Betrachtung finden sich auch in dem gegenwärtig eher spirituell beziehungsweise psychologisch geprägten Begriff der Achtsamkeit, der einen Prozess beschreibt, bei dem »die Aufmerksamkeit nicht-wertend auf den gegenwärtigen Augenblick gerichtet ist«, so Ute Anderssen-Reuster im »Handbuch der Achtsamkeit«.[50]

Der Achtsamkeitsexperte, Yoga-Lehrer und ehemalige Professor für Molekularbiologie aus Massachusetts Jon Kabat-Zinn beschreibt Achtsamkeit ähnlich als »die Kunst, sich durch Meditation ganz auf das Hier und Jetzt zu konzentrieren, unseren Geist so zu schärfen, dass wir unser volles Potenzial ausschöpfen«.[51] Diese Kunst der achtsamen Betrachtung ist eng verwandt mit Aspekten aus unterschiedlichsten Weisheitslehren und hat wenig mit dem zu tun, was oftmals im großstädtischen Zeitgeistgeträller davon übrig bleibt.

Östliche Weisheitslehren stellen regelmäßige und strenge Meditationspraktiken in den Mittelpunkt ihrer Lebensweise, um einen achtsamen Umgang mit sich und der Welt erlernen zu können. Weit entfernt von einem Nichtstun im Sinne moderner Freiheitsideale. Aber auch die westliche Philosophie kennt die Praxis einer Wesensschau, wenn auch weniger in Verbindung mit körperlichen Praktiken und Übungen. Die phänomenologische Maxime des Philosophen Edmund Husserl »Zu den Sachen selbst«, die fordert, das philosophische Denken solle sich bei allem streng wissenschaftlichen Anspruch in das Wesen der Dinge versenken, das Bestreben lebensphilosophischer Strömungen, in der »Wesensschau« einen neuen Blick auf die Irrationalitäten der Welt zu entwickeln, der wirklich berührt und betroffen macht – all diese Ansätze gehen in dieselbe Richtung wie das, was wir heute als Achtsamkeit oder »Mindfulness« in Magazinen und Bücherregalen finden. Nur – und das ist das ihnen Wesentliche, sie haben dabei weniger das Ziel eines erfolgreichen Lebens im Blick als vielmehr das Erlernen einer Praxis, einer bestimmten verstehenden Sichtweise auf die Welt. Und gerade in dieser Ausrichtung unterscheiden sich sowohl die östlichen Praktiken wie die philosophischen Lehren, aber auch die ernst zu nehmenden Methoden aktueller Forscher im Bereich von Meditation und Achtsamkeit von dem, was in der alltäglichen Übersetzung derzeit häufig ankommt: Yoga am Check-in-Schalter von Megaflughäfen, Meditation im Schnelldurchlauf, Muße to go als Ausdruck inneren schöpferischen Reichtums – da ist auf dem Weg eindeutig etwas Wesentliches verloren gegangen. Und es ist eben nicht immer alles besser als nichts, sondern manchmal ist nichts auch besser als zu wenig. Denn gerade der Begriff der Achtsamkeit, der sich derzeit auf die ersten Ränge der Lebenshilfemethoden vorkämpft, verkümmert auf diesem Weg zu einer schnellen und unreflektierten Nabelschau, die nichts mehr mit einem achtsamen Umgang mit sich und der Welt zu tun hat.

Der Gedanke, gut auf etwas oder sich achtzugeben, trägt einen weiteren Aspekt in sich, der bei der Verknüpfung von Achtsamkeit und ganz persönlicher Glückssuche oft zu kurz kommt, nämlich die Frage nach der Achtung, die ich den Dingen oder auch mir selbst entgegenbringe. Und um etwas achten zu können, muss ich es zunächst einmal kennenlernen. Dafür braucht es zweierlei: Zeit und Geist (was eben nicht auf die Schnelle zum »Zeitgeist« verkommen darf). Und wieder stehen wir am altbekannten Punkt: Woher nehmen wir all die Zeit und die Orte, die nötig scheinen, um den Geist freizupusten?

Kommen wir dafür nun auf den Begriff zurück, den wir bereits als Zwillingsschwester der Gelassenheit angekündigt hatten – die Besonnenheit, die so viel weniger modern und hipp daherkommt und doch vieles in sich trägt, was uns bei unserer Suche – zunächst nach ein wenig mehr Zeit – helfen kann. Was bedeutet es, auf eine besonnene Art zu handeln? Der Philosoph Wilhelm Dilthey beschrieb in seiner »Einleitung in die Geisteswissenschaften« (1883) die Philosophie selbst als »Besonnenheit«, in der sich die menschliche Selbstbestimmung mithilfe des begrifflichen Denkens ihres Handelns bewusst werde – mit dem Ziel, am Ende ein erfülltes, ein glückliches Leben zu leben.[52] Was ist also dran an der Besonnenheit, wenn wir sie gerade mitten in einer gefühlsverliebten Gegenwart als vernunftorientiertes Pendant der Gelassenheit betrachten wollen, und warum sollte sie uns helfen können, tatsächlich achtsamer, vielleicht sogar glücklich(er) zu werden?

In der platonischen Seelenlehre verhilft uns die Besonnenheit (auch wenn hier die Grenze zur Gelassenheit nicht so scharf zu ziehen ist, weil beides eine mögliche Übersetzung der griechischen Sophrosýne darstellt) zu einem gelingenden Miteinander von Vernunft und Weisheit, Mut und Tapferkeit sowie Erwerbssinn und Begehrlichkeit. Diese drei Bereiche finden sich nach Platon in unterschiedlichen gesellschaftlichen Ständen ebenso wieder wie in den drei Seelenteilen jedes einzelnen Menschen. Die Besonnenheit ist also sowohl eine gesellschaftliche Kraft als auch eine Quelle für die innere Stabilität, unser Gefühl von Zufriedenheit und Gesundheit. Wie dieses Zusammenspiel genau aussieht, ist das zentrale Thema in einem der platonischen Dialoge, in dem Sokrates im Gespräch mit dem jungen Charmides, einem heranwachsenden Mann aus gutem Hause, herauszufinden versucht, welches Mittel wohl gegen dessen Kopfschmerzen helfen könne. Sokrates will in Erfahrung bringen, ob diese Schmerzen möglicherweise eine Ursache in seiner seelischen Verfasstheit haben könnten und welche Rolle darin ein besonnener Blick auf das eigene Tun und Handeln spielen könnte.[53] Dieser Klärung stellt der Philosoph ein paar wichtige Grundsätze voran, die für ihn bedeutsam für die Heilung eines jedes Leidens sind und die erstaunlich modern daherkommen – man heile nie nur einen Teil (hier: des Körpers), immer müsse man das Ganze im Blick haben, und nur wenn wir das Ganze sehen können, könnte mit ihm auch ein Aspekt, eine Facette oder eben der eine schmerzende Körperteil geheilt werden.

Deshalb müsse einem Mittel gegen den Kopfschmerz auch die Betrachtung der Seele vorausgehen, nur wenn sich darin schon genug Besonnenheit finde, könne das Mittel gegen den Schmerz wirksam werden. Sokrates führt seinen Gesprächspartner durch eine Fülle von Fragen und möglichen Setzungen zu dem, was Besonnenheit sein könne, um vieles von dem auszuschließen, anderes in eine These zu überführen. Woher wissen wir, dass Besonnenheit überhaupt etwas Gutes darstellt? Bedeutet Besonnenheit womöglich, das »Seinige zu tun«, was aber macht dieses Seinige aus, und wie kann eine Gemeinschaft funktionieren, wenn jeder nur das Seinige tut? Oder gilt es, hier zu überdenken, ob es unterschiedliche Arten und Weisen gibt, das Seinige zu tun? Ist Tun dasselbe wie Machen, dasselbe wie Verrichten oder Handeln? Das, was offenbar für die Besonnenheit notwendig zu sein scheint, sind nicht die Verrichtung der täglichen Dinge oder handwerkliche Fähigkeiten, wie die, einen Krug oder einen Tisch zu »machen«, sondern das, was Platon ein »Werk« nennt. Sich zu fragen: Welches Werk verrichte ich? Was ist das meine, das zu tun ist? Am Ende steht für Sokrates ähnlich wie in seinem Dialog mit Menon die Einsicht, dass es die wohlwollende Suche nach dem Guten ist, die uns Besonnenheit verspricht – gerade, weil sie mutig genug ist, nach etwas zu suchen, was sie nicht erklären kann. Es geht also um ein Tun, das sich seiner Sache sicher ist, ein kluges Handeln, das weiß, wann etwas zu tun ist, auch wenn es nicht immer weiß, was. Diese Einsicht klingt zunächst nach einem eher mageren Ergebnis, aber sie ist alles andere als das. Denken wir an eine eher alltägliche Situation, die viele von uns kennen oder kennen könnten, und fragen uns, welchen Unterschied hier die Besonnenheit macht.

Stellen Sie sich vor, Sie sind auf dem Weg in den Urlaub, der Morgen war hektisch, aber Sie haben es zum Flughafen geschafft und in letzter Minute Ihr Gepäck am Schalter aufgegeben. Nun sitzen Sie am Gate und warten auf Ihren Flieger – nichts passiert, eigentlich hätten Sie schon längst einsteigen sollen, von einem Flugzeug keine Spur. Nur leicht verwirrt wirkendes Bodenpersonal, keinerlei Informationen, auch auf Nachfrage nicht. Bitte haben Sie Geduld. Schließlich das Eingeständnis, nun ja, technische Probleme, man versucht, ein anderes Flugzeug zu beschaffen. Also, weiterwarten – irgendwann ist klar, auch daraus wird nichts. Der Flug wird gestrichen, und die einzige Information ist, dass alle Passagiere irgendwie auf andere Flüge verteilt werden, alles Weitere über Lautsprecherdurchsage. Täte ihr auch wahnsinnig leid, so die Dame vom Schalter, aber da könne man jetzt leider nichts machen. Also, nun ist die Frage: Wie lange warten Sie auf den Lautsprecher? Nichts passiert, irgendwann fragen Sie dann doch einen weiteren Mitarbeiter Ihrer Airline – der schickt Sie wieder in die Eingangshalle. Dort erreicht Sie schließlich der Lautsprecher, alle Passagiere mögen bitte Ihre schon eingecheckten Koffer am Gepäckband abholen. Also, von der Eingangshalle erneut durch die Sicherheitsabfertigungen, direkt weiter zum Ausgang, Koffer abholen, zurück in die Eingangshalle. Dort bildet sich an dem einzigen Schalter, der für die Neuverteilung Hunderter genervter Feriengäste als zuständig erklärt wurde, eine angestrengte Schlange. Bleiben Sie besonnen, oder schreien Sie irgendwann Ihren Nachbarn an, er solle endlich aufhören, Ihnen mit seinem Trolley so dicht auf die Pelle zu rücken? Verlieren Sie die Nerven, steigen ins Taxi und buchen telefonisch auf den nächsten Tag um? Oder versuchen Sie in dem Moment herauszufinden, welche Handlungsoptionen noch zur Verfügung stehen, um trotz allem am selben Tag in Spanien an der Hotelbar zu sitzen? Hören Sie auf, sich zu ärgern, treten Sie einen Schritt zurück und denken Sie nach. Zugegeben, die Situation ist wenig erfreulich, aber es gibt eine Möglichkeit, mit einem Zwischenstopp in Frankfurt ans gewünschte Ziel zu kommen – auf Rückfrage bei einem weniger überfüllten Infoschalter der Airline eine durchaus zulässige Alternative. Das, was uns die Besonnenheit in einem solchen Moment liefert, ist nicht die gewünschte Lösung, sondern die Fähigkeit, überhaupt eine Lösung zu finden. Wir erinnern uns an den Stress in Sachen Abendessen. Während uns die Gelassenheit den Ärger oder die Aufregung vom Hals hält, überlegt die Besonnenheit, was in unserer Macht steht – ein recht vielversprechendes Gespann, das auch in sehr viel existenzielleren Fragen als dem geschilderten Flughafenthema ziemlich hilfreich ist.

Wie auch immer wir persönlich zur Idee der Besonnenheit stehen, sie zählt in keinem Fall zur selbstverständlichen

»Grundlage des sittlichen Lebens«, wie es der Philosoph Otto Friedrich, der sich in den 1950er-Jahren eingehend mit der Tugend der Besonnenheit befasst hat, treffend zusammenfasst. Gerade in einer Zeit, in der es deutlich mehr Lobby hat, entspannt, lässig und kreativ zu sein und irgendwie ein gutes Gefühl bei dem zu haben, was man da so tut oder lässt. Aber steckt in der Besonnenheit nicht auch etwas »Lässiges«? Die Besonnenheit ist vielleicht darauf aus, nicht alles zu tun, sondern so manches zu lassen, aber dabei ist sie äußerst sorgfältig. Ihr geht es darum, überlegt und im besten Falle sinnvoll zu handeln, auch vielleicht gerade wenn wir Gefahr laufen, dass uns das rechte Maß zu entgleiten droht, weil wir gar nicht mehr wissen, was das eigentlich ist.

Was geschieht, wenn wir es wirklich versuchen, aber dennoch nicht schaffen, besonnen zu handeln, wenn wir Angst haben, verwirrt sind oder uns einfach überfordert fühlen von all dem, was wir glauben wollen zu sollen? Gehen wir also einmal vom Gegenteil aus – also der Unbesonnenheit –, dann meinen wir eine Handlung, die einem ersten Impuls entspringt, die vielleicht sogar etwas Beeindruckendes, Kühnes und Unerschrockenes an sich hat. Bleiben wir im Beispiel: Wir bauen uns vor dem nächstbesten Mitarbeiter unserer Fluggesellschaft auf und pochen lautstark auf unser vermeintliches Recht, pünktlich abzuheben. Das mag vielleicht im ersten Moment sehr entschlossen und tatkräftig aussehen, ändert aber rein gar nichts. Dabei geht die Unbesonnenheit nicht so weit wie etwa die Unerschrockenheit, die sich nicht um Gefahren oder Risiken schert, aber beiden ist ein Verhalten gemeinsam, das wenig über das nachdenkt, was es tut beziehungsweise bewirkt, so Bollnow. Das Ergebnis muss nicht immer schlecht sein, aber es liegt dann selten an uns, denn unerschrocken zu sein bedeutet nicht gleichzeitig, einen guten Zugang zur eigenen Intuition zu haben. Das, was einem überlegten Handeln zugrunde liegen muss, ist eine Art Gemütsverfassung, eine Gesamtverfassung des Seelischen, die dafür sorgt, dass wir uns besinnen, um überhaupt zu wissen, was zu tun ist – und das kann hin und wieder auch sehr schnell gehen. Dennoch meint besonnenes Handeln etwas anderes als intuitives Zupacken. Es braucht ebendiesen Moment der Pause, des Anhaltens, damit wir uns besinnen können, auch wenn das sehr unterschiedlich ausfallen kann. Wir können uns besinnen, indem wir etwas erkennen, was wir vorher nicht als wesentlich erkannt haben. Wir treten einen Schritt zurück, halten die Luft an und, in unserem Beispiel, entschuldigen wir uns bei der Dame am Schalter, nicht ohne ihr die nötigen Informationen abzuringen, wie wir selbstständig umbuchen, aber später die Kosten für unseren Flug zurückerstattet bekommen können.

In jedem Fall ist es wichtig, nicht die »Besinnung« zu verlieren, weil Sie dann nicht mehr wissen, was von Bedeutung ist und was nicht. In unserer Flughafenproblematik ist unser Problem nicht so existenziell, dass wir dies von uns selbst nicht erwarten können sollten, natürlich aber gibt es Momente, in denen wir von Sinnen sind, weil uns tatsächlich jeder Bedeutungsrahmen verloren geht: Ein Unfall, ein Verlust, ein Schicksalsschlag lässt uns jeden Überblick verlieren. Hier aber geht es nicht darum, einen Zustand der Besonnenheit zu erreichen, sondern einen Schock zu verarbeiten, zu trauern oder sich Zeit zu nehmen, um ein neues Leben aufzubauen. Was hier gefragt ist, ist ein völlig anderer Bezug zu dem, was von Bedeutung sein soll, sodass eine komplette Neuausrichtung an Maßstäben und Zeiträumen notwendig wird, um wieder zur Besinnung zu kommen. Besinnungslos zu sein bedeutet nicht, »bewusstlos« zu sein. Wenn wir uns also klarmachen, was es bedeutet, unbesonnen, besinnungslos oder von Sinnen zu sein, dann können wir uns vielleicht auch dem nähern, was es umgekehrt bedeutet, »seine Sinne beieinander zu haben«.

Sich zu besinnen heißt also zum einen, die eigenen Sinne zu nutzen, um das, was um uns vor sich geht, erkennen und einschätzen zu können, gleichzeitig aber auch, ebendiese Vorgänge auf ihren Sinn hin zu überprüfen, die Folgen zu bedenken, nach den Gründen zu fragen. Wenn Sie sich besinnen, dann verlassen Sie »die gerade Linie der Aktion«, wie Bollnow es in seiner Schrift »Besonnenheit« sehr schön formuliert, Sie treten einen Schritt zurück, um sich Ihres Tuns in einem größeren Zusammenhang zu vergewissern: »Sich besinnen ist also immer ein Akt des Zurücknehmens, der Reflexion. Es ist nicht eigentlich eine Verinnerlichung, das heißt eine Blickwendung nach innen, ein Hineinnehmen des äußerlich Begegnenden in die Tiefe der einen Seele, sondern die Besinnung bleibt sachbezogen. Sie ist ein Abstandnehmen, so wie ein Maler vor seinem entstehenden Gemälde zurücktritt, um seine Wirkung im Ganzen zu überschauen.«[54]

Die Fähigkeit zur Besinnung und damit zu besonnenem Handeln gelingt nur, wenn wir uns unserer Vernunft anvertrauen und darin nicht die blutleere Alternative zum wahren Leben vermuten. Sie traut jedem von uns zu, innezuhalten, also den Fluss des Lebens, den Ablauf der Geschehnisse bewusst zu unterbrechen, um klarer sehen zu können: Was ist hier eigentlich los? Worum geht es wirklich? Was wollen wir tun? Damit stören wir diesen Fluss nicht zwingend, sondern machen ihn uns gegenwärtig.

Diese Begabung hat der Philosoph Johann Gottfried Herder in seiner »Abhandlung über den Ursprung der Sprache« als das wesentliche Merkmal des Menschen gegenüber den Tieren herausgestellt – das zu einer Voraussetzung zum Gebrauch der menschlichen Vernunft und der Sprache als notwendigem Instrument wird. Er setzt die Besonnenheit mit »Reflexion« gleich: »Der Mensch beweiset Reflexion, wenn die Kraft seiner Seele so frei würket, daß sie in dem ganzen Ozean von Empfindungen, der sie durch alle Sinnen durchrauschet, eine Welle, wenn ich so sagen darf, absondern, sie anhalten, die Aufmerksamkeit auf sie richten und sich bewußt sein kann, daß sie aufmerke. Er beweiset Reflexion, wenn er aus dem ganzen schwebenden Traum der Bilder, die seine Sinne vorbeistreichen, sich in ein Moment des Wachens sammeln, auf einem Bilde freiwillig verweilen, es in helle ruhigere Obacht nehmen und sich Merkmale absondern kann, daß dies der Gegenstand und kein andrer sei. Er beweiset also Reflexion, wenn er nicht bloß alle Eigenschaften lebhaft oder klar erkennen, sondern eine oder mehrere als unterscheidende Eigenschaften bei sich anerkennen kann [...] es ist das erste Urteil der Seele [...].«

Besonnenheit bedeutet also, so lange in der Betrachtung zu bleiben, bis sich aus dem, was wir sehen, ein »Merkmal absondert«, sich etwas zeigt, dem wir eine besondere Bedeutung geben können, so als würde in einer nebligen Wolke langsam ein Fabelwesen oder Gesicht erkennbar oder als könnten wir einen Menschen in einer Menge erkennen. Diese Zuschreibung von Bedeutung verändert nicht nur diesen einen Ausschnitt, sondern das ganze Bild. Das, was uns zur Besinnung kommen lässt, ist die Bereitschaft, mithilfe unserer Vernunft eine Unterbrechung anzuzetteln –

eine Pause zu machen. Herder formuliert dies in der Interpretation von Otto Friedrich als »die Fähigkeit, zwischen dem andringenden Reiz und der darauf antwortenden Reaktion innezuhalten und durch diese Pause dann die Freiheit zu gewinnen, die der andringenden Reaktion die Zustimmung gibt, und sie damit erst zur Tat im eigentlichen Sinn macht, oder aber ihr die Zustimmung verweigert«[55].

Es geht also in der Besonnenheit darum, eine Pause zu machen, aber nicht, um sich dabei (ähnlich wie in der Gegenüberstellung von Gelassenheit und Entspannung) in einen Zustand des Nichtdenkens zu katapultieren, um dann kurze Zeit später den Hebel wieder umzulegen, sondern darum, in diesem Moment der Pause, des »Anhaltens«, die Freiheit zurückzuerlangen, sich einen eigenen Blick auf die Dinge zu ermöglichen, um von dort aus das eigene Denken und Handeln überprüfbar zu machen. Herder spricht damit dem Menschen die Fähigkeit zu, Grenzen zu ziehen, Prozesse zu verändern oder zu beenden, letztlich Nein sagen zu können. Anders als die Idee der Achtsamkeit, die die Übereinstimmung mit dem gegenwärtigen Moment anstrebt, geht es der Besonnenheit um eine Form des Innehaltens, die den Menschen nicht in dem Moment aufgehen, sondern ihn daraus heraustreten lässt – um sich ein Bild machen zu können, um sich dem zu entziehen, was nur scheinbar so zu sein hat. Ein Gedanke, den zu Beginn des zwanzigsten Jahrhunderts der Philosoph Max Scheler aufnimmt, der in seiner Schrift »Die Stellung des Menschen im Kosmos« (1928) den Menschen durch die Fähigkeit zum Neinsagen als Asketen des Lebens hervorhebt, der nicht obwohl, sondern gerade deshalb in der Lage ist, sich geistig und kulturell zu entfalten – auf diese Weise verstanden bedeutet die Besonnenheit »ein freiwilliges Verweilen in der jeweiligen Frage«, das sich nicht dem Zwang einer Antwort oder der Pflicht eines Ziels zu beugen bereit ist. Diese Haltung »kennt nicht die Beherrschung eines Seelenteils durch den andern, sondern bezeichnet eine durchgehende Gesamtverfassung der Seele in ihrem Gleichgewicht und ihrer ganzen inneren Freiheit: ganz bei sich ungetrübt von jedem störenden Einfluss, im überlegenen Gebrauch aller ihrer Kräfte. Und das erst macht ihre ganze Größe aus.«[56]

Diese Größe einer tiefen Besonnenheit macht sie zu einem stabilen Fundament unserer Handlungen, eine Haltung, die nicht nur weit über das nur gemaßregelte Verhalten einer bürgerlichen Vernunft hinausreicht, sondern im Gegenteil die Kraft hat, das allgemeine Nützlichkeitsstreben durch die Notwendigkeit der eigenen Frage aufzuhalten. Es ist also keine Form kühler Selbstbeherrschung oder langweiliger Pflichterfüllung, die als Besonnenheit missverstanden werden darf, sondern die menschliche Fähigkeit, sich selbst in ein Verhältnis zur Welt zu setzen und mithilfe der Vernunft daraus Schlüsse für das bestmögliche Handeln zu ziehen.

Wenn wir unsere Suche im Geiste einer ernsthaften Wiederbelebung der Aufklärung (also im Geiste einer Verbesserung nicht allein unserer persönlichen Lebensumstände, sondern der grundsätzlichen Bedingungen für ein gutes Leben) ernst nehmen wollen, dann gilt es, gerade die Besonnenheit an die Stelle willenloser Selbstoptimierung zu setzen, wenn wir ebenso mit technischen Spielzeugen wie mit einem Knäuel aus Gefühlen und emotionalen Notständen ringen. Die Kraft des eigenen Nachfragens ersetzt so manches To-do, und wenn wir den Mut aufbringen, damit in den Widerstand zur Zielstrebigkeit unser eigenen Glückssuche zu treten, dann gilt es, das, was wir da sehen, nicht ständig bejahen und können zu müssen, zu liken oder noch mehr davon zu produzieren, sondern einfach einmal Nein zu sagen, Nein zu dem, was ich aus gutem Grund nicht verstehe, nicht mag oder anerkennen kann – zumindest so lange, bis ich weiß, was es ist. Das ist viel weniger die nächste zu erlernende Kompetenz im Kampf gegen die Tücken des modernen Daseins, sondern einfach die Bereitschaft, auch mal nicht kompetent zu sein. Die Kompetenz bahnt sich wieder ihren Weg, aber in der Besonnenheit liegt auch die Kunst, die Hermann Melville dem Schreiber Bartleby in seiner gleichnamigen Novelle zubilligte, der jede Bitte oder Frage, etwas zu erledigen, mit dem Ausspruch: »I´d rather not to« – auf Deutsch: »Ich würde vorziehen, es nicht zu tun« – beantwortete. Das ist kein grundsätzlich zu empfehlendes Lebenskonzept, weil es letztlich das Handeln komplett verweigert, aber es ist eine mögliche Strategie, um sich Raum zum Handeln zu verschaffen, anstatt zu glauben, dass sich dann erst ein Spielraum eröffnet, wenn man alles zu Erledigende geschafft hat.

Die Überlegenheit eines besonnenen Handelns liegt in dem Mut zur Pause, die wir brauchen, um uns eine Perspektive und einen Standpunkt zu verschaffen, den wir aus gutem Grund gewählt haben – und von wo aus wir dann einen nächsten Schritt tun wollen. Und wer weiß, vielleicht springt dabei sogar der eine oder andere Moment heraus, in dem wir einfach nur glücklich sind.

4. Die innere Suchmaschine: Geben Sie mindestens ein Wort zur Suche ein

> Sich suchen bedeutet an erster Stelle:
> den Willen zu einem Weg haben; die Richtung
> des Weges jedoch kann ursprünglich
> keine andere sein als das Weg von sich.
> *Peter Sloterdijk*

Wenn wir die Überlegungen zur Besonnenheit auf unsere Suche übertragen, dann bedeutet die »Pause« gerade nicht die Auszeit an der Ostsee oder ein Sabbatical im Job, sondern es bedeutet, dass wir im Moment des tätigen Denkens eine Pause einlegen, um zu prüfen, was wir da eigentlich gerade tun, wenn wir diesen oder jenen Gegenstand suchen. Treten wir also einfach einmal zurück und schauen uns an, was wir da vor uns haben. Schwierig wird es allerdings, wenn wir uns auf die Suche nach etwas machen, von dem wir nur schwer einen Schritt zurücktreten können: Was machen wir, wenn wir auf der Suche nach uns selbst sind? Und – brauchen wir dieses Selbst wirklich dringend, müssen wir uns »finden«, um glücklich zu sein? Eine ungewöhnliche Frage, aber einen Gedanken wert.

In dieser Frage gibt es zwei verschiedene Facetten, die unser Selbst eine besondere Rolle spielen lassen. Zum einen glauben wir vielfach daran, dass sich da tatsächlich irgendetwas Feststellbares finden lässt, und zum anderen sind wir es eben selbst, die sich auf die Suche machen. Darin liegt schon eine eigenwillige Schwierigkeit. Darüber hinaus vermengen sich die Vorstellungen von dem, was uns in diesem Selbst begegnen soll. Es geht nicht nur darum, ein gutes Selbst zu finden, sondern dieses Selbst möchte zu gern auch in einer ihm angemessenen Außenwelt unterwegs sein können – einer Welt, in der es sich sich selbst entsprechend entfalten kann. Aber da treffen wir erneut auf eine besondere Schwierigkeit – denn ebendieses Selbst ist ja nur unseres und damit individuell und originär, es braucht also eine Welt, die nur für uns die richtige ist. Denn auch, wenn wir gern in vielen äußeren Merkmalen und Symbolen das Erreichen eines vermeintlich objektiv guten Lebens festzuschreiben versuchen, sehen wir doch, wie vielfältig das ist, was Menschen für sich als ein gutes Leben festlegen. Ihr Nachbar wollte vielleicht immer schon mal mit seiner Familie die Welt umsegeln, um sich auf die Suche nach sich selbst zu machen, Ihre beste Freundin träumt von der Selbstverwirklichung mit eigenem Café auf dem Land, und Ihre Mutter hätte so gern selbst gearbeitet, ihr eigenes Geld verdient – um ihr eigenes Leben zu leben, was auch immer es dazu gemacht hätte. Und selbst in den kleineren Fragen gibt es die unterschiedlichsten Vorstellungen von dem, was sich zu suchen lohnt: die ideale Schule, das perfekte Auto, das schönste aller Ferienziele. Ob das aber eine internationale Privat- oder die etwas weniger perfekt ausgestattete Grundschule um die Ecke ist, ob es ein Sportwagen oder eine Riesenfamilienkutsche sein soll, das Hotel in den Bergen oder das Ferienhaus am Strand – darüber werden wir keine Einigkeit herstellen können. Im besten Fall ist alles auf seine Weise Teil eines guten Lebens und ein kleiner Baustein zu dem, was wir als glücklich beschreiben.

Aber wie gelingt es mir herauszufinden, was mein Selbst braucht, um zu dem werden zu können, was ich will, sofern ich das überhaupt weiß, und wie lernen wir, zusammen ein gutes Leben zu führen? Wo stehe ich mit diesen Fragen in all dem Geflimmer und Geflatter, und wenn ich schon nicht bei mir selbst ankommen kann, wie gelingt es, auf der Suche nach mir selbst wenigstens einen Schritt voranzukommen?

Wie suche ich mein Selbst, und woher weiß ich, dass ich mich gefunden habe?

Die moderne Suche nach sich selbst ähnelt dem Experiment, in dem ein Chamäleon in einem Spiegelkabinett den unmöglichen Versuch unternimmt, sich seiner Umgebung anzupassen. Mit dieser Herausforderung beschäftigte sich in den 1970er-Jahren weniger die biologische als die kybernetische Forschung (wir sind der Kybernetik als Wissenschaft von Steuerungssystemen schon im Zusammenhang mit dem Umgang mit Komplexität begegnet), und einer ihrer Anhänger, der Publizist und Mitbegründer des Magazins »Wired«, Kevin Kelly, unternahm tatsächlich den Versuch, einer Anolis-Echse die Antwort auf die Spiegelfrage zu entlocken.[57] Das arme Tier war aber offenbar nicht in der Lage, irgendetwas zu finden, an das es sich anpassen konnte, also verfärbte es sich den Schilderungen Kellys zufolge von einem Dunkelbraun zu einem Grünton, den es üblicherweise nur annimmt, wenn es erschrocken oder verunsichert ist. Dieses Experiment lässt viel Spielraum für unterschiedlichste Interpretationen – Kelly ist kein Biologe, die über zweihundert Chamäleonarten zeigen durchaus verschiedene Reaktionen auf die Selbstbespiegelung, es ist keine Prognose des genauen Farbtons möglich und die Farbtöne lassen sich keinen eindeutigen Stimmungslagen zuschreiben – und dennoch bieten dieses Bild und die offenkundige Uneindeutigkeit einiges an Parallelen zur derzeitigen Praxis menschlicher Selbstfindungsverzweiflung.[58] Im Vergleich zu einem Chamäleon stehen uns Menschen allerdings andere Möglichkeiten zur Verfügung, um das Umfeld, in dem wir leben, zu uns in Beziehung zu setzen, und darüber hinaus verfügen wir über ein Bewusstsein, mit dem wir diese Beziehungen reflektieren können. Dass wir deswegen besser abschneiden als das Chamäleon, ist nicht gesagt, aber wir können uns zumindest darüber austauschen.

Probieren wir es aus und tun so, als wäre es selbstverständlich, dass man sich hin und wieder selbst verloren geht und es notwendig wird, eine Suchaktion nach dem eigenen Selbst zu starten. Was also tun wir in einem solchen Fall? Eindeutig geht es bei dem Objekt unserer Suche nicht um einen klar zu lokalisierenden Gegenstand, auch wenn wir manchmal glauben, irgendwann würde uns unser Selbst begegnen und wir könnten es dann ein für alle Mal festhalten. So wie der Zwiebelkern, den der norwegische Dichter Henrik Ibsen seinem Helden Peer Gynt zu suchen aufgibt, zwar durch viele Schichten verdeckt, aber dennoch irgendwie da ist. Nur scheint er sich nie zu erkennen zu geben. Dennoch zeigt unsere tägliche Praxis, dass wir durchaus so etwas wie Selbsterfahrungen machen, auch wenn wir nicht davon sprechen würden, uns selbst gefunden zu haben. Aber warum ist das so – und was genau ist das für eine Erfahrung?

Werden wir noch konkreter: Ich stehe morgens auf und beschließe, mich heute auf die Suche nach mir selbst zu machen. Wie gehe ich vor, und was ist das, was ich suche? Wo fehlt tatsächlich etwas? Denn – eigentlich besteht kein offensichtlicher Mangel, der den Beginn einer Suche notwendig machen würde, ich bin ja bereits da, ich bin aufgestanden und habe mir selbst diese Frage stellen und den Entschluss fassen können, mich suchen zu wollen. Was aber hat dieses »Ich« mit meinem »Selbst« zu tun? Wer redet da mit wem, und warum ist das überhaupt möglich? Bin ich zu zweit, wenn ich diese Frage stelle, und wer ist es, der fehlt? Wer sollte offenbar in diesem Bunde der Dritte sein, also der, den ich im Gespräch mit mir selbst suche? Und: Wer von diesen ersten beiden weiß, wie genau derjenige aussieht oder woran zu erkennen sein sollte, dass die Suche beendet ist? Sie sehen, in diesen Kategorien kommen wir irgendwie nicht weiter. Sobald wir anfangen, über das Selbst nachzudenken, scheint es zu zerfallen, in Facetten, in Aspekte, in körperliche, geistige und seelische Zuschreibungen, die jede für sich einen philosophischen Ausflug wert sind.

Aber was genau meinen wir dann, wenn wir »Selbst« sagen? Wenn es das Selbst nicht gibt, wie es einen Gegenstand oder eine Substanz gibt, dann gibt es aber doch offenbar etwas, was dem Begriff, dem Wort entspricht und was wir anscheinend mühelos verstehen können, wenn wir uns darüber austauschen. Wir kennen den Begriff des Selbst aus verschiedensten Zusammensetzungen – Selbstbild, Selbstentfremdung, Selbstbestimmung, Selbstüberwindung, Selbstbestätigung, Selbstreflexion, Selbstbesinnung, Selbstlosigkeit – und fast immer scheint er etwas anderes zu meinen. Trotzdem wissen wir, was gemeint ist, im Alltag haben wir keine Schwierigkeiten damit, wenn jemand etwas lieber »selbst machen möchte« oder »sich selbst wieder mal nicht leiden kann«, es scheint einfach »selbst-verständlich«, dass wir ein solches Selbst haben, aber wie wir gehört haben, ist es alles andere als das.

Hier hilft es, wenn wir den psychologisch geprägten Begriff des »Selbstkonzepts« einführen, ein Selbstbild, das jedes Kind im Alter von etwa zwei Jahren zu entwickeln beginnt. Grundlegend dafür sind die eigenen Erfahrungen und damit verbundene Erinnerungen, die innerlich zu einem erkennbaren Muster verbunden werden: ein Bild, das wir wiederzuerkennen imstande sind – angefangen beim eigenen Spiegelbild (ein Vorteil, den wir offenbar schon sehr früh dem Chamäleon voraushaben). Denn obwohl sich mein Spiegelbild verändert, erkenne ich mich darin offenbar schon sehr früh, und ganz ähnlich verhält es sich mit dem Selbstbild, dem Konzept, das ich mir von meinem Selbst mache. In dieser Spiegelung erkenne ich etwas, das ich als »ich« erlebt und erfahren habe und das ich als mein »Selbst« beschreiben könnte. Diese Erlebnisse werden im Zuge der eigenen Lebensdauer selbstverständlich mehr, komplexer und vielfältiger, und das gilt entsprechend für mein Selbstbild. Im Zuge der eigenen Lebensdauer wird es komplexer und vielfältiger. Im Kleinkindalter besteht es aus sehr konkreten Eigenschaften, die sich beobachten lassen, so wie Augenfarbe, eine große Nase, blonde Haare und die Tatsache, dass man sich als Mädchen oder Junge erlebt und erkennt. Im Laufe des Lebens kommen Gedanken, Überzeugungen, ethische Setzungen und kulturelle Prägungen hinzu, die das eigene Selbstbild immer weiter verfeinern. Insgesamt wird es dadurch aber auch weniger eindeutig und hängt mehr von der Art und Weise ab, wie wir uns an was erinnern. Ein Zusammenhang, den der britische Philosoph John Locke sehr deutlich gemacht hat, wenn er das Erinnern als essenziell für unsere Identität beschreibt.[59] Aber wie genau soll das gehen, wenn wir es bei unserem Selbst viel weniger mit einem klar zu benennenden Phänomen zu tun haben als vielmehr mit einem Konzept von Erfahrung?

Wieder stehen wir vor unserer wesentlichsten Frage: Wie suchen wir etwas, von dem wir nicht wissen, was es ist? Wie erinnern wir uns an das, was wir zu uns selbst ins Verhältnis setzen? Es gibt verschiedenste Möglichkeiten und Methoden, diese etwas diffuse Form der Suche anzugehen, und ginge es nicht um uns selbst, würden wir wahrscheinlich den Rechner hochfahren und irgendeiner Suchmaschine den Auftrag geben, nach einer Antwort zu suchen, das Themengebiet zumindest einzukreisen, das, was war, abzurufen und daraus etwas abzuleiten, was ist oder sein sollte. Aber was passiert, wenn wir bei Google ein Fragezeichen eingeben? Wir können es mit der Definition eines Satzzeichens oder den verschiedensten Informationen zu den »Drei ???« versuchen oder auch mit der etwas ernüchternden Aufforderung: »Geben Sie mindestens ein Stichwort zur Suche ein.« Ein Hinweis, der uns trotzdem weiterhelfen könnte: Denn ein Stichwort brauchen wir offenbar mindestens, um uns auf die Suche nach uns selbst machen zu können. Da

Sie aber nicht genau wissen, welche Stichworte Ihnen auf den rechten Weg verhelfen, um zu verstehen, wer Sie sind, ist es möglicherweise von Nutzen, die Perspektive etwas zu verschieben und darüber nachzudenken, wie Sie beschreiben könnten, was Sie als Ihr Selbst erleben.

Also: Was würden Sie eingeben, wenn Sie so etwas hätten wie eine innere Suchmaschine? Eine Art Prozessor, der all Ihre gespeicherten Erfahrungen, Erinnerungen, Vorlieben, all die Informationen, die es zu Ihnen geben könnte, verarbeitet, sortiert und zu etwas aufarbeitet, was am Ende Ihr Selbst ergibt. Entsteht daraus so etwas wie die Summe aus all dem, was Sie erlebt haben, oder eher eine Art Schnittmenge, in der sich das Wesentliche zu einer Art Identitätskern verbindet? Und was hat die eigene Vorstellung beziehungsweise der Wunsch, so oder so sein zu wollen, mit dem zu tun, was uns wirklich ausmacht? Suchen wir also nur nach den guten Dingen, den edlen Momenten und großen Erfolgen, oder mischen wir ein wenig Chaos und Katastrophe unter die Suchangaben, damit wir am Ende auch wirklich ein authentisches Bild unserer selbst betrachten können? Wir widerstehen der Versuchung, klären zu wollen, was authentisch bedeuten soll, und bleiben zunächst bei dem, was wir glauben, wissen zu können.

Ein paar Stichworte fallen uns ganz sicher ein: Wir sind Lehrer, Informatiker, Ärzte oder Musiker, können bestens organisieren und lieben gutes Essen, wir reisen gern oder sind überaus hilfsbereit, vielleicht aber auch sprunghaft, jähzornig und schlampig. Irgendeine Vorstellung von dem, was beziehungsweise wer wir sind, was wir uns eingestehen müssen oder was wir gern wären, haben wir wohl alle – aber liegt dieser Vorstellung so etwas wie ein Selbst zugrunde, oder ergibt es sich eher aus dem, was wir sein wollen? Schwierig und letztlich sogar mithilfe der Neuro- und Kognitionswissenschaften nicht zu beantworten – das Selbst scheint etwas zu sein, das durch Abwesenheit zu glänzen versteht, mit dem wir allerdings dennoch wie selbstverständlich Erfahrungen machen. Da passt irgendetwas nicht zusammen, und im Zweifel ist es genau diese Differenz, um die wir uns kümmern sollten.

Machen wir also weiter mit unserer Bestandsaufnahme. Neben dem, was wir von uns beschreibend festhalten können, gibt es sicher einiges, was uns ausmacht, auch wenn es nicht sichtbar ist. Unsere Erfahrung zeigt, dass wir oft »etwas« oder »jemand« sein wollen, das beziehungsweise der wir (noch) nicht sind. Wir haben also offenbar eine Vorstellung, ein Bild davon, was wir gern wären, und das, was uns fehlt, ist die Übereinstimmung von ebendieser Vorstellung mit unserer erlebten Realität. Dem kann nun zweierlei zugrunde liegen: dass wir in dieser Realität »noch« nicht angekommen sind oder aber dass der Philosoph Marcus Steinweg – wir erinnern uns – mit dem Gedanken recht hatte, dass Realität ein »Konsistenzversprechen« ist, das ständig gebrochen wird.[60] Es geht also nicht um eine konsistente Wirklichkeit, in der unser ebenfalls konsistentes Selbst bestehen muss, sondern darum, uns in unserem Erleben kennenzulernen, in dem, was wir als real wahrnehmen, dem, was noch nicht oder nicht mehr ist und was aber unbedingt einmal sein soll. Dieses Herumprobieren geht schon früh los und muss auch für die Frage nach dem Selbst nicht zwingend problematisch sein – irgendetwas wollte man immer sein oder werden, und zu Beginn war es nicht so wichtig, ob man es auch wirklich sein konnte. Die ersten Selbstbilder schwelgen in Möglichkeiten.

Im Kindergarten fing es an mit Rittern, Krankenschwestern, Feuerwehrmännern, Prinzen und Prinzessinnen. Die meisten Selbstfindungsversuche fallen nach meinen Erfahrungen mit dieser Altersgruppe geschlechterspezifisch recht konservativ aus, und es mangelt hier und da an realitätsnahen Aussichten auf tatsächliche Umsetzung. Aber darum geht es auch gar nicht – noch nicht. Der Wunsch danach, sich selbst als etwas zu sehen, was noch zu etwas wird, ist ein Abenteuer, ein Geheimnis, etwas, das man mit Spannung erwartet. Das Eigene wie ein Potenzial auf die Zukunft hin auszurichten gleicht einem Spiel, dem kaum Grenzen gesetzt sind. Ich kann alles sein, heute Lehrerin, morgen Ballerina und übermorgen Tierärztin. Von den meisten kleinen Selbstentdeckern werden interessanterweise Berufe aufgezählt, wenn es darum geht, die Frage zu beantworten, was man einmal werden will. Dass man vielleicht einfach nur groß oder ein netter Mensch, ein toller Bruder oder eine gute Geschichtenerzählerin werden möchte, ist eher ungewöhnlich.

Aber dass zu dem, was man ist und werden kann, mehr gehört als ein ausgefallener Berufswunsch, ist eine Einsicht, die recht bald einsetzt und die die Antwort beziehungsweise die Stichwortsuche für die innere Suchmaschine nicht gerade leichter macht. Denn – und dieser Gedanke meldet sich auf erschreckende Weise spätestens in der Pubertät – wenn ich wirklich wissen will, was ich werden will, sollte ich zumindest eine Idee davon haben, wer ich jetzt bin, welcher Weg sich einzuschlagen lohnt und wo ich vielleicht schon im Ansatz eher auf dem Holzweg bin. Es gilt, sich für einige der Möglichkeiten zu entscheiden, Risiken einzugehen, Alternativen zu verwerfen. Die Notwendigkeit von Stichworten scheint dringlicher zu werden.

Das klingt nun so, als würde man gut daran tun, sich über einiges klar zu werden, eine Entscheidung zu treffen und dann zielstrebig loszumarschieren, um am Ende dort anzukommen, wo der »Topf mit dem Gold« geduldig wartet. Aber es ist leider – und eigentlich wissen wir das auch sehr genau – etwas komplexer. Und das liegt diesmal nicht an der Welt da draußen, sondern schlicht an uns selbst. Denn die, die wir sind, wenn wir mit sechs Jahren Feuerwehrmann werden wollen, sind andere als die, die mit achtzehn glauben, die Welt erobern zu können, oder die, die als Dreißigjährige ihren Garten umgraben. Wir verändern uns mit den Dingen, die wir erleben, den Dingen, die wir lernen und denen wir Bedeutung geben – und dadurch verändern sich die Dinge. All das, was uns auf unserer Suche nach dem richtigen Weg begegnet, macht uns zu dem, was wir sind beziehungsweise immer wieder aufs Neue werden, und es stellt unser geradliniges Denken ziemlich auf die Probe – und erinnert uns an die Unfähigkeit unserer rational trainierten Hirne, wirklich mit Komplexität fertigzuwerden. Der Philosoph Friedrich Nietzsche stellte Ende der 1880er-Jahre seiner späten Schrift »Ecce homo« im Titel den erklärenden Satz zur Seite: »Wie man wird, was man ist«, ein scheinbares Paradox, das mit genau dieser Einsicht umzugehen versucht: Wir können nur im Werden die sein, die wir sind, und müssen stetig neu herausfinden, was das genau bedeutet.

Wie also machen wir uns auf die Suche nach dem, was und wer wir sind, wenn wir uns doch ständig verändern? Wie und woran können wir uns festhalten im Wandel, wie erkennen wir uns als ewig andere, und was hält die Philosophie für die bestmögliche Version eines Selbst? Wäre die Philosophie ein Mensch, würde sie sich wahrscheinlich leise lächelnd zurücklehnen und uns in unseren quälenden Versuchen beobachten, mit denen wir ihr eine Antwort abringen wollen. Denn den wichtigsten Schritt, um einer philosophischen Sicht auf das eigene Selbst auf die Spur zu kommen, haben wir bereits getan – wir haben begonnen zu zweifeln, zu fragen und zu überlegen, ob der eine schnurgerade Weg tatsächlich am Ende zum Ziel führt. Gleichzeitig haben wir unsere Aufmerksamkeit auf das gelenkt, was wir tatsächlich vorfinden, was uns ausmacht, wie wir leben und denken, ohne im beständigen Vergleichen und Verändernwollen die eigenen »Mangelgefühle zweiter Ordnung« (Peter Sloterdijk) zur Realität zu erklären. Das ist eine ziemlich anspruchsvolle Angelegenheit, gelingt meist nur in Momenten oder kurzen Phasen und hält selten dem stand, was wir tagtäglich an Herausforderungen erleben – es ist das, was erst im »Sprung« des dänischen Philosophen Søren Kierkegaard sichtbar wird, dem mutigen Sprung ins Ungewisse, der aber letztlich den Blick in die eigene Existenz ermöglicht. Dieser Raum im Dazwischen (Hannah Arendt) wird uns nicht tragen, aber vielleicht können wir darin schwimmen lernen. Ähnlich wie es in Platons Gesetzen heißt, dass Unwissenheit für all diejenigen gilt, die weder schreiben noch »schwimmen« können.[61] Wenn wir im übertragenen Sinne schwimmen lernen, dann schaffen wir eben keine Sicherheit, wir gewinnen keinen festen Boden unter den Füßen oder hangeln uns direkt ans nächste Ufer, sondern wir lernen uns in einem Element zu bewegen, das andere, vielleicht ungewohnte Fähigkeiten von uns verlangt, ohne dass es deshalb bedrohlich sein muss. Wenn wir uns also nicht nur im Wasser bewegen lernen, sondern auch geistig schwimmen lernen wollen, dann brauchen wir die Fähigkeit, uns in einem

Schwebezustand einzurichten: Dem wachen und kritischen Hinterfragen dessen, was ist, und gleichzeitig dem Hervorheben von bleibenden Bedeutsamkeiten, die im Rahmen von Wandel und Veränderung für Bestand sorgen können – das, was dazwischen liegt, ist das, was wir auch als Selbsterfahrung erleben. Und eben daraus entsteht eine Art Kreislauf – ein hermeneutischer Zirkel, wie es schon der bereits erwähnte Philosoph Wilhelm Dilthey Ende des neunzehnten Jahrhunderts beschrieb. Das beständige Überprüfen und Hinterfragen führt zu einer Annäherung an die »Sachen selbst« und schafft bleibende Bedeutungen, die symbolhaft für das stehen, was wir als wesentlich erleben – ganz im Sinne der Maxime der phänomenologischen Philosophie, die einen voraussetzungslosen Blick auf das zu entwickeln sucht, »was ist«. Nur dieser unverstellte Blick auf die Dinge kann uns zeigen, was ist, was nicht ist, was werden kann und was möglicherweise außerhalb des Machbaren liegt.

Es ist das Akzeptieren von Vielfalt, von Zweideutigkeit, von verschiedenen möglichen Wegen, der uns die Augen für das Eigene öffnet – kein »postfaktischer«, weil subjektiver Relativismus, der alles mit einem »So bin ich halt« kommentiert und sich um die eigentliche Auseinandersetzung drückt, sondern das Einräumen von Uneindeutigkeit und inneren wie äußeren Grenzen, die wir mitdenken müssen – und zwar gerade dann, wenn wir auf der Suche nach dem Wahren, dem Wahrhaftigen sind.

Erst der Mut, den wir brauchen, einer solch zweideutigen Wahrheit (die trotz beziehungsweise gerade wegen ihrer Zweideutigkeit diesen Begriff verdient) gegenüberzutreten, eröffnet die Möglichkeit, sich wirklich selbst zu begegnen. Es geht also nicht darum, das eigene Wesen aufzudecken, zu

»sein, wer man ist«, sondern sich in einem werdenden Sein zurechtzufinden, einem Selbst, das aufmerksamer – fürsorglicher – Betrachtung und Begleitung bedarf, um in allem Wandel immer wieder ein Selbst bleiben zu können. Eine Entsprechung, die nur dann gelingt, wenn dieses Selbst kein substanzielles Wesen ist, sondern eine schwimmende Gestalt, eine Wesensart, die sich wandelt, vom Kontext abhängig und dennoch begründbar bleibt.

Wenn wir herausfinden wollen, was es mit dem Selbst auf sich hat, müssen wir etwas Seltsames tun, etwas, was der deutsche Philosoph Hans Vaihinger in Anlehnung an Friedrich Nietzsche mit einer »Philosophie des Als-ob«[62] beschrieben hat: Wir gestalten unser »Selbst« wie das Paradox einer realen Fiktion, gehen also mit der Vorstellung ans Werk, als könnten wir am Ende tatsächlich etwas finden, was dem beständigen Werden widerstrebt, etwas, das uns sagt, dass wir es sind, die uns jeden Morgen im Spiegel ansehen, und das uns die Sicherheit der eigenen Selbsterfahrung aufrechterhalten lässt, üben uns aber gleichzeitig darin, diese Erfahrungen als etwas Unbestimmtes und Unsicheres zu akzeptieren, weil wir nicht wissen können, wie die Zweideutigkeit der Wahrheit ihr Spiel mit ebendiesen Erfahrungen spielt. Diese Einsicht ist es, die sich aus einer ernst zu nehmenden Bestandsaufnahme und Stichwortsuche ergeben kann, und sie ist sozusagen das Rüstzeug für den Weg, auf den wir uns machen wollen.

In der philosophischen Tradition ist diese Form der Betrachtung und des fürsorglichen Umgangs mit dem eigenen Selbst in dem Begriff der Selbstsorge zusammengefasst – der *epimeleia*, wie es in der Antike hieß. Die Selbstsorge ist ebenfalls Thema der platonischen Dialoge und kommt insbesondere in den Ausführungen des griechischen Staatsmannes Alkibiades im Symposion zur Sprache.[63] Dieser ringt im Gespräch mit Sokrates um die Frage nach dem rechten Gebrauch der Freiheit im Umgang mit sich selbst als verantwortungsvoller Teil einer sozialen Gemeinschaft. Denn die Selbstsorge bedeutete in der Antike zwar die Verpflichtung, sich mit sich selbst zu beschäftigen, sich um sich selbst zu kümmern, um sich dabei auch (aber eben nicht vorrangig) erkennen zu können, aber nur, um am Ende mit den bestmöglichen Fähigkeiten und Eigenschaften des eigenen Selbst die Gemeinschaft zu bereichern – ebenso wie in den aristotelischen Ausführungen zur Glückseligkeit. Nicht die Individualität um ihrer selbst willen, sondern das Selbst als verwirklichte Freiheit im Sinne einer guten Gemeinschaft ist das, was die Griechen im Sinn hatten. Wie aber lässt sich das in unsere heutige Welt übersetzen? Der französische Philosoph Michel Foucault hat sich in seinem Spätwerk ausführlich mit dem Begriff der Selbstsorge und der Frage beschäftigt, welche Bedeutung sie für unser modernes Leben haben kann. Seine erste Frage war, welche »Praktiken« dazu taugen, »zwischen sich und sich selber ein gewisses Verhältnis« einzuleiten.[64] Anders gefragt: »Wie stellt man zu sich selbst eine adäquate und erschöpfende Beziehung her, indem man sich selbst zum Ziel macht?«[65]

Sich zum Ziel machen, aber dieses Ziel nicht als letzte Antwort zu verstehen, darin liegt die große Aufgabe. Um diese Bewegung in Gang zu setzen beziehungsweise in Bewegung zu halten, führt Foucault verschiedene Praktiken und Prinzipien an, die er als zentral erachtet. Zunächst formuliert er die philosophische Reflexion, die sich auf das Selbst richtet, allerdings ohne es erkennen zu wollen. Im zweiten Schritt nennt er ein Bündel konkreter Übungen, die es in den Tagesablauf zu integrieren gilt: leichtes Körpertraining, Meditation, Lektüre und das Niederschreiben der Gedanken zu dieser Lektüre, kritische Reflexion der eigenen Wahrheiten und das immer differenziertere Sprechen darüber.[66] Das Aussprechen der eigenen reflexiven Gedanken sieht Foucault als eine Form der Selbstzuwendung innerhalb der sozialen und kommunikativen Praxis an, die uns weitestgehend abhandengekommen ist. Ob das wirklich für uns zutrifft, gilt es zu überprüfen, aber es ist einen Gedanken wert, wenn wir uns auf die Suche machen und feststellen, dass uns etwas fehlt.

Foucault betont in diesem Zusammenhang sehr passend die Bedeutung der Philosophie für unsere seelische Gesundheit, gleich einer »Arztpraxis der Seele«, die allerdings ein anderes Verständnis von dem zugrunde legt, was gesund bedeutet. Jeder Mensch ist ganz im Sinne der antiken Idee der Philosophie als Heilerin »bedürftig« und unvollkommen. Auch die Anwendung dieser Selbstpraktiken ändert daran nichts, aber sie lehrt uns in der Selbstschau die Selbstüberprüfung und den Umgang mit Wissen und Nichtwissen. Angelehnt an die stoische Philosophie ruft Foucault dazu auf, unsere Vorstellungen ständig dahingehend zu prüfen, ob sie von uns abhängen oder nicht – hängen sie nicht von uns ab, so sind sie durch »stetige Vergleichgültigung« aus unserem Blick zu vertreiben – sehr viel leichter gesagt als getan, aber ein interessantes Vorhaben. Zusammenfassend hat Foucault diese Praktiken als »Sokratischen Imperativ« beschrieben, der sehr schlicht dazu aufruft: »Beschäftige Dich mit dir selbst«, was heißt, »Begründe Deine Freiheit durch Selbstbemeisterung«.[67]

In diesen Sätzen steckt ein hoher Anspruch daran, dass

wir als Menschen das Geschenk der Freiheit erhalten haben und sie nur dann auch als ein solches erleben – und eben nicht als Last oder Bürde –, wenn wir sie mit einem moralischen Anspruch an unser Handeln verknüpfen. Wenn ich die Freiheit nicht als die Möglichkeit missverstehe, alles tun und lassen zu können, was ich will, sondern als die Möglichkeit, die Bedingungen wählen zu können, damit das, was ich für gut und wichtig halte, auch tatsächlich in die Welt kommt, dann hat dieser Gebrauch der persönlichen Freiheit viel damit zu tun, um die eigenen Wertvorstellungen zu wissen und sie in verantwortungsvolles Handeln zu übersetzen. In diesem Anspruch liegt erneut ein Appell an den Menschen als moralisches und als soziales Wesen, der die Suche nach sich selbst nicht allein in der Innerlichkeit oder dem Rückzug ins Private auf den Weg bringen sollte, sondern im Kontext seiner »Umwelt«, der Menschen und in dem sozialen Gefüge, in dem wir leben. Das, was wir brauchen, um uns selbst und unser Selbst sehen und finden zu lernen, ist ein Gegenüber, ein anderer – jemand, der uns spiegelt, aber auch die eigenen Grenzen aufzeigt. Der Kontext, der Zusammenhang, in dem ich lebe, mit einem Wort: das andere, ist zentral, um nicht nur ein eigenes Selbstbild entwickeln, sondern auch ein gutes Leben führen zu können.

Das Hohelied der Empathie: Warum wir nur mit anderen wir selbst sein können

Diese Erkenntnis ist nicht neu – ein Mensch, der in gute soziale Beziehungen eingebunden ist, der Freunde und Familie hat, lebt länger, glücklicher und gesünder. Auch das wusste bereits Aristoteles, der den Menschen als geselliges beziehungsweise soziales Wesen definierte, und diese Erkenntnis gilt bis heute in noch jungen Forschungsdisziplinen wie der der positiven Psychologie, die sich, wie wir gehört haben, mit den Fragen der menschlichen Lebenszufriedenheit oder dem Glücksempfinden in der modernen Welt auseinandersetzt. Der 2012 verstorbene Psychologieprofessor Christopher Peterson, der an der Universität von Michigan forschte, war ganz in diesem Sinne überzeugt, dass der Schlüssel zu einem guten Leben in drei Wörtern zusammenzufassen ist, die so etwas wie die Quintessenz seiner gesamten Untersuchungen zur Frage von Glück und Wohlbefinden darstellen: »Andere Menschen zählen.«[68] Nicht mehr und nicht weniger.

Auch die soziale Neurowissenschaft bestätigt in den letzten Jahren immer wieder die menschliche Eigenart, auf ein Leben in Beziehung ausgerichtet zu sein. In diesen Untersuchungen wird das Bild eines Menschen sichtbar, der nicht nur um seiner selbst willen gern und gut in sozialen Gemeinschaften aufgehoben ist, sondern dessen elementare Fähigkeiten darauf ausgerichtet sind, sich die Welt in Beziehung zu anderen zu erschließen, um ihr so Bedeutungen zuschreiben zu können. Der Neurowissenschaftler Martin Korte von der Technischen Universität Braunschweig ist fest überzeugt, dass jedes menschliche Wesen darauf ausgelegt ist, in seinem Gegenüber lesen zu wollen, um einen Bezug herzustellen.[69] Auch die soziale Neurowissenschaftlerin und Direktorin am Max-Planck-Institut für Kognitions- und Neurowissenschaften Tania Singer beschreibt unser Hirn als ein »wahres Beziehungsorgan«, das die Kooperation sucht und uns dazu befähigt, uns in unser Gegenüber hineinzuversetzen. Diese Begabung lässt sich nach Singer üben und trainieren,[70] aber prinzipiell ist es in jedem von uns angelegt, mit seinem Gegenüber in einen verstehenden Austausch gehen zu wollen. In von Singer durchgeführten Forschungen zeigte sich, dass beispielweise beim Empfinden von Schmerz dieselben Hirnregionen aktiv werden, egal ob ich selbst Schmerz erfahre oder einen Menschen dabei beobachte, wie er Schmerzen erleidet. Diese Aktivität ist unterschiedlich intensiv, je nachdem, wer dieser Mensch ist – mein Hirn reagiert also unterschiedlich, wenn ich meinem Mann oder einem Fremden dabei zusehen muss, wie ihm Schmerzen zugefügt werden, und noch einmal anders, wenn ich glaube, dass die Person aus welchen Gründen auch immer eine Strafe verdient hat. Zentral aber ist die Tatsache, dass mein Gehirn das Empfinden von Schmerzen signalisiert, ohne dass ich körperlich betroffen bin. Eine wichtige Entdeckung, um diese Verbindung zu erklären, stellen die sogenannten Spiegelneuronen dar, auch wenn ihre Wirkungsweise bis heute nicht vollständig entschlüsselt ist. Auf diese besonderen Neuronen wurde Anfang der 1990er-Jahre erstmals eine Forschergruppe der Universität Parma um den Neurophysiologen Giacomo Rizzolatti herum aufmerksam. Ihre Forschungen galten einer bestimmten Hirnregion bei den Makaken, einer Primatengattung der Meerkatzen. Dabei stellte Rizzolatti fest, dass bestimmte Neuronen im vorderen Kortex immer dann reagierten, wenn der Affe im Begriff war, nach einer Erdnuss zu greifen. Das eigentlich Interessante aber war, dass diese Neuronen auch dann aktiv wurden, wenn etwa der Wissenschaftler selbst nach einer Erdnuss griff und der Affe dabei zusah. Sogar wenn das Tier das Knacken einer Nuss vernahm, ließ sich in derselben Hirnregion eine Reaktion nachzeichnen, ohne dass der Affe irgendeine Bewegung vollzog. Es ging also offenbar darum, dass das Gehirn – zumindest bei Primaten – in der Lage war, sich in eine bekannte Situation zu versetzen, selbst wenn der eigene Organismus daran überhaupt nicht beteiligt war – analog also zu der Empfindung von Schmerzen.

Die italienische Forschergruppe verlagerte ihre Untersuchungen auf die Beobachtung menschlicher Gehirne. Die Wissenschaftler sahen durch Kernspinaufnahmen dabei zu, wie das Gehirn des Probanden reagierte, wenn dieser anderen dabei zusah, wie sie bestimmte Bewegungen vollzogen oder mimische Gesten vormachten. Genau wie bei den Makaken zeigte sich eine Reaktion in derselben Hirnregion – beim Menschen das sogenannte Boca-Zentrum im vorderen Kortex –, unabhängig davon, ob der Mensch selbst die Bewegung vollzog oder einem anderen dabei zusah.[71] In weiteren Forschungen wurde deutlich, dass auch Berührungen, also sensorische Reize, diese sogenannten Spiegelneuronen aktiv werden lassen. 1996 wurden die Untersuchungen der italienischen Forscher veröffentlicht, und seitdem sorgen sie für gewaltige Bewegungen in unterschiedlichen Disziplinen – von der Neurowissenschaft und der Biologie bis zur Psychologie, Philosophie und Anthropologie. Allerdings gibt es auch skeptische Stimmen, die zwar die Existenz der Spiegelneuronen bestätigen, aber darauf hinweisen, dass es alles andere als klar ist, wofür diese Neuronen tatsächlich da sind. Es gilt also, nicht zu voreilige Schlüsse über ein radikal neues Menschenbild zu schließen, und doch ist es zulässig, daraus mögliche Schlüsse durchzuspielen. Die Tatsache, dass wir auf diese nachweisliche Art und Weise in der Lage sind, uns in andere Wesen hineinzuversetzen, mit ihnen mitzufühlen und dass durch dieses Empfinden ein Verstehen möglich wird, eröffnet ein völlig anderes Menschenbild als die Vorstellung eines Wesens, das sich in der Evolution nur durch die bestmögliche Anpassung an seine Umwelt und die Überwindung des Schwächeren durch den Stärkeren durchsetzen konnte – ein Bild, das schwer mit einem sozialen und mitfühlenden Wesen in Einklang zu bringen ist.

Darin liegt zwar alles andere als die strahlende Erkenntnis, dass wir von nun an in eine harmonische und glückselige Zukunft blicken können, aber diese wissenschaftlichen Einsichten eröffnen zumindest neue Perspektiven, um dem Mythos des Menschen, der nur darauf aus ist, den Schwächeren zu besiegen, etwas entgegensetzen zu können. Denn es geht nicht allein darum, wissenschaftlichen Erkenntnissen zu glauben – unser eigenes Erleben bestätigt diese Möglichkeit: Wir erleben diese Momente, in denen wir uns in andere Menschen hineinversetzen können. Wir erleben ein solches »Resonanzverhältnis«, wie Tania Singer es nennt, in menschlichen Gemeinschaften, und wie auch immer es genau zu erklären ist, es ist uns offenbar wesentlich, empathisch sein zu können.

Wie aber genau erleben wir nun dieses Phänomen der Empathie? Wir erleben sie als eine Empfindung, als etwas, das uns nicht nur als ein Selbst fordert, sondern als etwas, das uns mit unserem Gegenüber verbindet – wenn wir uns zum Beispiel in seinen Schmerz hineinfühlen. Wir empfinden eine Übereinstimmung mit einem anderen Menschen, eine besondere Form des Verstehens für das, was sie oder ihn ausmacht, und wenn es gelingt, eine positive Beziehung herzustellen, erhalten wir sogar körperlich spürbare Belohnungen. Unser Gehirn schüttet das Bindungshormon Oxytocin aus, das auch kurz nach Geburt für eine innige Verbindung zwischen Mutter und Kind sorgt – es vermittelt das Gefühl von Geborgenheit und Vertrauen. Eine solche Übereinstimmung ist also offenbar etwas Erstrebenswertes, etwas, das uns guttut. Fehlt uns jede Form von Geborgenheit und wahrhafter Bindung, fühlen wir uns einsam, und diese hormonellen Belohnungen bleiben aus. Dabei aber erleben wir solche Momente nicht nur in innigen sozialen Beziehungen, wir können uns auch in unsere neue Kollegin hineinversetzen oder den armen Kerl, der gerade seinen Vortrag vergeigt hat und ziemlich zerknirscht von der Bühne schleicht. Das gelingt manchen Menschen leichter als anderen, und es ist offenbar außerdem etwas, was wir lernen und üben können, aber wie genau soll das vor sich gehen?

Wie also funktioniert Empathie, wie schaffen wir es, tatsächliche Beziehungen einzugehen, empathischer zu werden oder unseren Chef davon zu überzeugen, dass dieser Wesenszug auch für Führungskräfte durchaus interessant sein könnte?

Wir haben gehört, dass es bei der Erforschung der Makaken darum ging, dass diese besonderen Affen offenbar sehr gute Beobachter waren und letztlich auch in der Lage, Zusammenhänge zwischen verschiedenen Gegenständen und Handlungen herzustellen – nur so konnten sie das Knacken einer Erdnuss mit der eigenen Handbewegung des Danach-Greifens in Verbindung bringen. In der Übersetzung dieser Erkenntnisse aus der Primatenforschung auf unsere Verhaltensweisen ist ein empathischer Mensch also nicht nur ein sehr gefühlsbetonter, sinnlicher Mensch, sondern offenbar ebenfalls ein guter Beobachter, jemand, der allerdings nicht nur auf der visuellen Ebene wachsam für das ist, was um ihn herum vorgeht: Stimmungen, Veränderungen in der Körperhaltung des anderen, ein Ausdruck in der Stimme meines Gegenübers. Nur wenn ich mit Interesse sehe und wahrnehme, was um mich herum vor sich geht, werde ich mich auch in den- oder diejenige hineinversetzen können, die daran beteiligt ist. Und hier gilt ähnlich wie bei dem Phänomen der Achtsamkeit, dass Empathie nur dann tatsächlich ein »Hineinfühlen« in mein Gegenüber sein kann, wenn es eine Form der Achtung, des Interesses an meinem Gegenüber gibt und nicht allein den Gedanken, dass es für die nächste Karrierestufe wichtig ist, ein paar Skills in Sachen Mitgefühl aufweisen zu können. Aber woher genau weiß ich nun, wie es meinem Gegenüber geht, und welche Handlungen folgen für mich daraus?

Nehmen Sie sich einen Moment Zeit, und überprüfen Sie genau, ob und wann Ihnen diese Fragen schon einmal begegnet sind und ob Sie versucht haben, eine Antwort zu finden. Jede Liebesbeziehung kennt diese Momente: Warum versteht sie mich nicht? Warum merkt er nicht, dass es mir schlecht geht, dass ich Angst habe oder unsicher bin? Wieso erkennt sie nicht, dass ich dafür gerade keine Zeit habe? Selbstverständlich funktionieren diese Vorwürfe immer auch in vertauschten Rollen – entgegen weit verbreiteter Vorurteile. Warum aber ist das so, dass sich Menschen offenbar schwer damit tun, sich in jemanden hineinzuversetzen, sich in ihn oder sie »einzufühlen«, obwohl sie sich so nahe sind, sich doch lieben für die, die sie sind? Gerade Paarbeziehungen sind ein interessantes Feld für das nicht immer einfache Umgehen mit Empathie und dem, was daraus in unserem Verhalten folgt – denn das, was notwendig ist, um sich in andere hineinzufühlen, so betont auch Tania Singer,[72] ist gerade das Zurücktreten von der eigenen Gefühlswelt. Es geht in dem Moment mehr um mein Gegenüber als um mich. Hm, eigentlich sollte es uns doch gerade bei dem Menschen, den wir lieben, überaus leichtfallen, zu seinen oder ihren Gunsten einmal die eigenen Gefühle zurückzustellen. Aber gerade deshalb ist es eben nicht so einfach. In einer Liebesbeziehung sind die Gefühlswelten sehr viel schwerer voneinander zu trennen, die Gefühlslage des einen ist oft mit der des anderen so eng verbunden, dass es nur schwer ist zu differenzieren, von welcher Gefühlswelt ich zurücktreten muss, um in die andere eintreten zu können. Was hat mit mir zu tun und was nicht? Eine ziemlich elementare Frage bei der Überlegung, wer sich in wen hineinversetzen können sollte, und doch gibt es Signale, Ausdrucksformen und kulturelle Codes, die sich in fast allen Beziehungen finden und entschlüsseln lassen.

Szenenwechsel: Ein nachmittäglicher Besuch in einem schwedischen Einrichtungshaus. Bettenabteilung. Ein junges Paar liegt auf einer 140 mal 200 Zentimeter großen Latexmatratze, die Schuhe artig auf dem Schmutzfänger am unteren Teil der Matratze abgelegt, und strahlt. Er tastet mit dem kleinen Finger nach ihrer Hand. Keiner sagt ein Wort, und trotzdem fällt es auch für einen leise vorbeihuschenden Beobachter dieser Szene nicht schwer, sich die beiden auf Wolke sieben in ihrer neuen Wohnung vorzustellen. Wer weiß, was aus dieser Geschichte wird, wer weiß, ob es eine gute Idee ist zusammenzuziehen, aber ich würde mich freuen, wenn die beiden sich an diesem Nachmittag diese Matratze unter den Arm geklemmt haben und ihr glückliches Leben beginnen konnte. Es braucht keine empathi-